おもしろくてためになる

色の雑学事典

クロマ色彩研究所
岩本知莎土

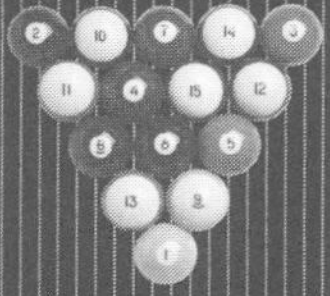

日本実業出版社

4章 おいしい色ってどんな色？

③会席料理に学ぶ色彩（本文68ページ）

美しい会席料理の盛りつけ（神奈川県鎌倉市「鉢の木」）

5章 暮らしの中に活きる色

⑧公園遊具の色彩計画（本文90ページ）

“八岐大蛇（やまたのおろち）”がモチーフのユニークな遊具（島根県出雲市）

6章 ビジネスに効く色

⑧清水港・みなと色彩計画（本文110ページ）

シンボルカラーのアクアブルーとホワイトに塗替後。企業の看板が外れ、県のマークも小さくなった。（静岡県清水市）

塗替前

新築物も色彩計画によって塗装される。

❶地域性と色（本文114ページ）

〈日本列島での色の見え方の傾向〉

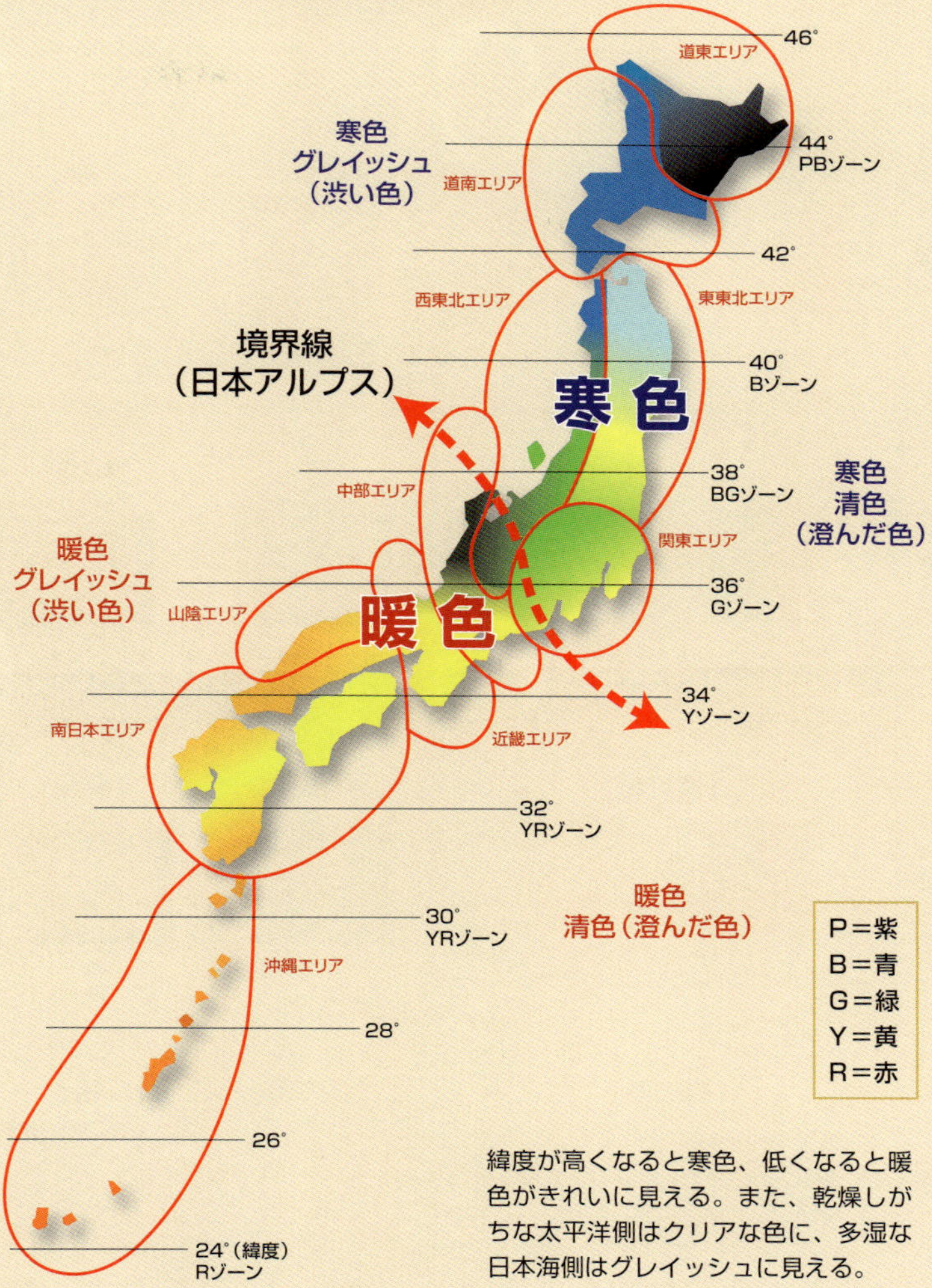

P＝紫
B＝青
G＝緑
Y＝黄
R＝赤

緯度が高くなると寒色、低くなると暖色がきれいに見える。また、乾燥しがちな太平洋側はクリアな色に、多湿な日本海側はグレイッシュに見える。

7章 風土・文化・民族・歴史と色

⑪侘び・寂びの色（本文134ページ）

	襲の色目	重ねの色目	
	十二単のそで口や襟元、裾部分にみられる色あわせ	表生地と裏生地、内衣と上衣の色あわせ。薄い表生地で裏生地の色を透かし見せたりもする。	
春	『桜襲《さくらがさね》』  ●赤のトーングラデーション	『樺桜《かばざくら》』  表／蘇芳 裏／赤	『藤』 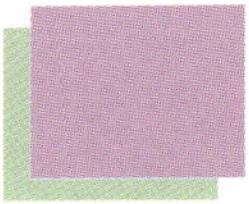 表／薄紫（淡紫） 裏／萌黄
夏	『杜若《かきつばた》』  ●赤～紫のグラデーションに緑のアクセント	『蓬《よもぎ》』  表／淡萌黄 裏／濃萌黄	『蝉の羽』 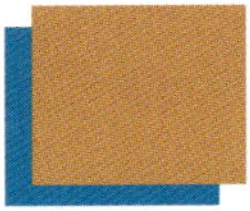 表／檜皮色 裏／青
秋	『櫨紅葉《はじもみじ》』  ●黄のグラデーションに橙のアクセント	『女郎花《おみなえし》』  表／経青緯黄※ 裏／青	『黄菊』  表／黄 裏／青
冬	『梅の襲《かさね》』 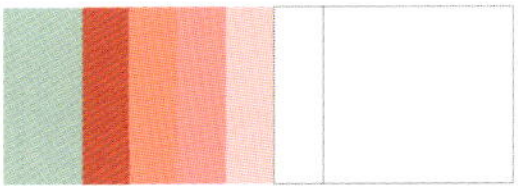 ●白～赤のグラデーションに緑のアクセント	『雪の下』 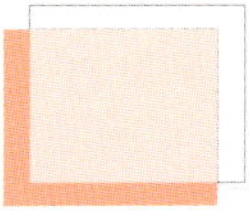 表／白 裏／紅梅	『椿』  表／蘇芳 裏／赤

※青いタテ糸、黄色いヨコ糸で織った平織りの生地

はじめに

カッコウが初夏を告げる頃、野山は緑に覆われ、一年中で一番さわやかな季節を迎えます。緑色も樹木の種類の数だけ、いえそれ以上に幾重にも重なり合った緑が美しさを競います。私たちの生活に欠かせない〝色〟ですが、「あって当たり前」と思って生活していると、それぞれの色の持つ美しさや私たちに訴えかけるさまざまな「色の力」に気づきません。それはとても寂しいことです。

同じ色にある時は癒され、ある時には励まされたり、助けられたりと、日々お世話になっていると言えば大袈裟かも知れませんが、〝色〟は私たちの生活から切っても切り離すことができない存在です。

そんな〝色〟にはいろんな疑問や不思議がいっぱいです。「なぜ、空は青いのだろう」「私はなぜ赤に惹かれるのだろう」などなど。この本が、そんな身近な〝?〟を解決する一助になればと思います。街中に洪水のごとく溢れている色、美しい自然の色、いろんな色に気づくことで、色の世界がより身近に感じられるようになるでしょう。

2001年7月

岩本　知莎土

●もくじ●

3章 ファッションこそ色の出番

4章 おいしい色ってどんな色？

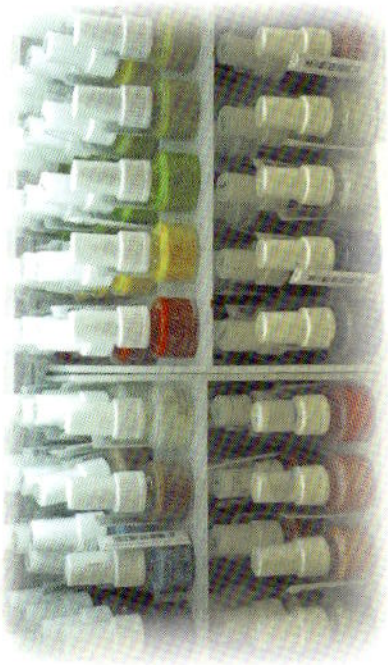

5章 暮らしの中で活きる色

6章 ビジネスに効く色

7章 風土・文化・民族・歴史と色

8章 色と心理のおはなし

カバーデザイン○上田宏志
本文デザイン＆組版○ムーブ
本文イラスト○ＭＳデザイン

Part 1

色の基礎知識

どうして「色」が見えるのか

▼スペクトル

「色」とは「光」のことです。光が目に入ることにより、私たちは色を感じることができます。たとえば赤いりんごが赤く見えるのは、赤い光が目に届くからです。

では、「赤い光」とはどういうことでしょうか。

プリズムで虹をつくって遊んだことがありますか？　光を分光器で分解すると、虹のように連続的に変化していく色の帯が現われます。これは、光にはいろいろな波長があり、波長の違いにより屈折率が異なるためです。太陽光の色の成分のうち、屈折しやすい短波長と、屈折しにくい長波長が分離するのです。17世紀のイギリスの物理学者ニュートンは、波長の長い順に赤→橙→黄→緑→青→藍→紫と並べた色の帯を、「スペクトル」と名づけました。

私たちの目に見える色は、光と物体の関係によって3種類に分けられます。光源そのものに赤や青の色がある「光源色」、投射され物体を透過した光の色である「透過色」、物体の表面が光を反射することによって現われる「表面色」の3種類です。

りんごの赤い色は「表面色」です。りんごはスペクトルのうち赤以外の色の光をすべて吸収し、赤い光を反射します。その光が私たちの目に届いて、りんごは赤く見えるのです。

■図1〈光のスペクトル〉

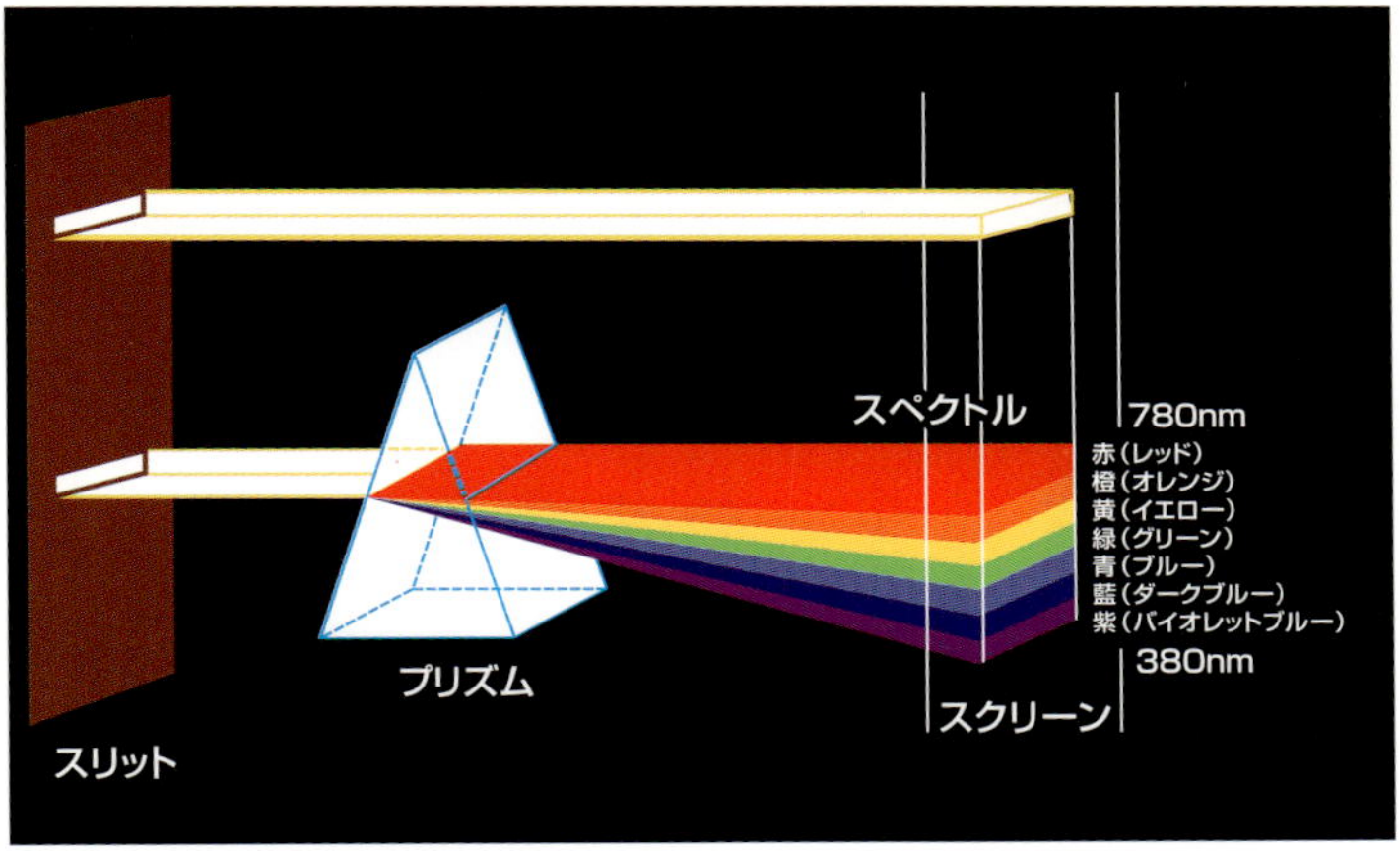

●人間が見ることのできるのは、波長が380～780nm（ナノメートル）の範囲の光で、この範囲の光を可視光といいます。

■図2〈色の見え方〉

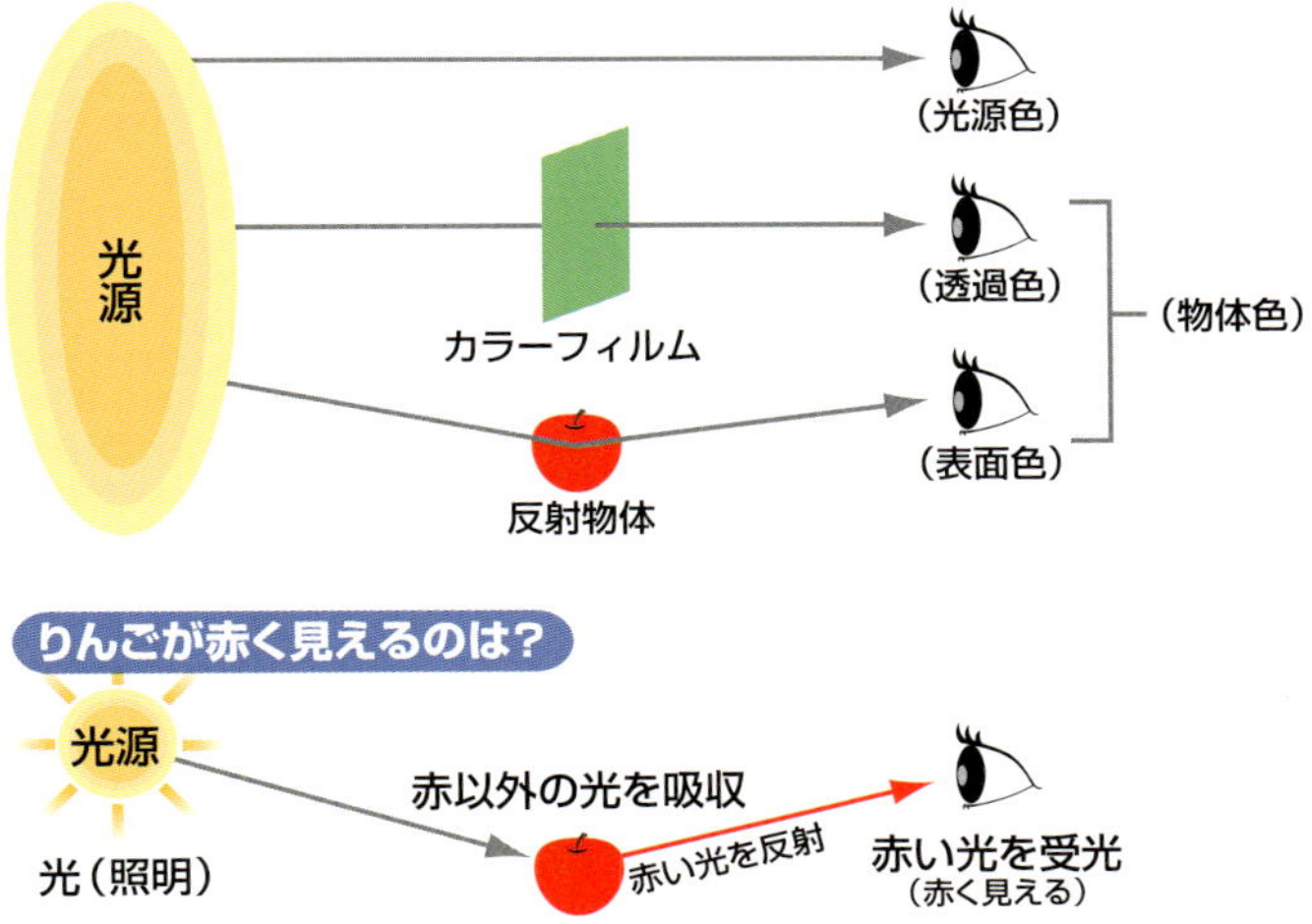

色の成り立ち
▼カラーシステム

●無彩色と有彩色

モノにはすべて色があります。白や黒も色です。ただし、この2色とその間の灰色は「無彩色」（いわゆるモノトーン）といいます。それ以外の、赤や青など少しでも色みのある色を「有彩色」といいます。色は大きくこの二つに分けられます。膨大な色数を整理するためには、さらに色相、明度、彩度という、色を計る〝ものさし〟を使います。

●色相・明度・彩度

「色相」は、赤み、黄み、緑み、青みなどといった色みのことです。赤っぽいか青っぽいかという判断をするときのものさしがこれに当たります。一般的に、色相の基準となるのは「色相《しきそう》環《かん》」という色の環《わ》で、色の並びはスペクトルと同様に電磁波（電気と磁気をともなった波動）の長い赤で始まり、黄→緑→青→紫（一番短い）となり再び赤に戻ります（図4）。

「明度」は、明るい赤、暗い赤、といった色の明暗をいいます。どのくらい明るいかという明度は、無彩色のスケールで計ります。明度が一番高い（明るい）のが白（完全反射）、一番低

■図3〈有彩色と無彩色〉

■図4〈色相環〉

● 中心の三角形の中の2色を混ぜると、外側の三角形の色になります。
2色の分量によって異なる色ができ、図のような環状に並べることができます。

■図5〈明度尺度〉

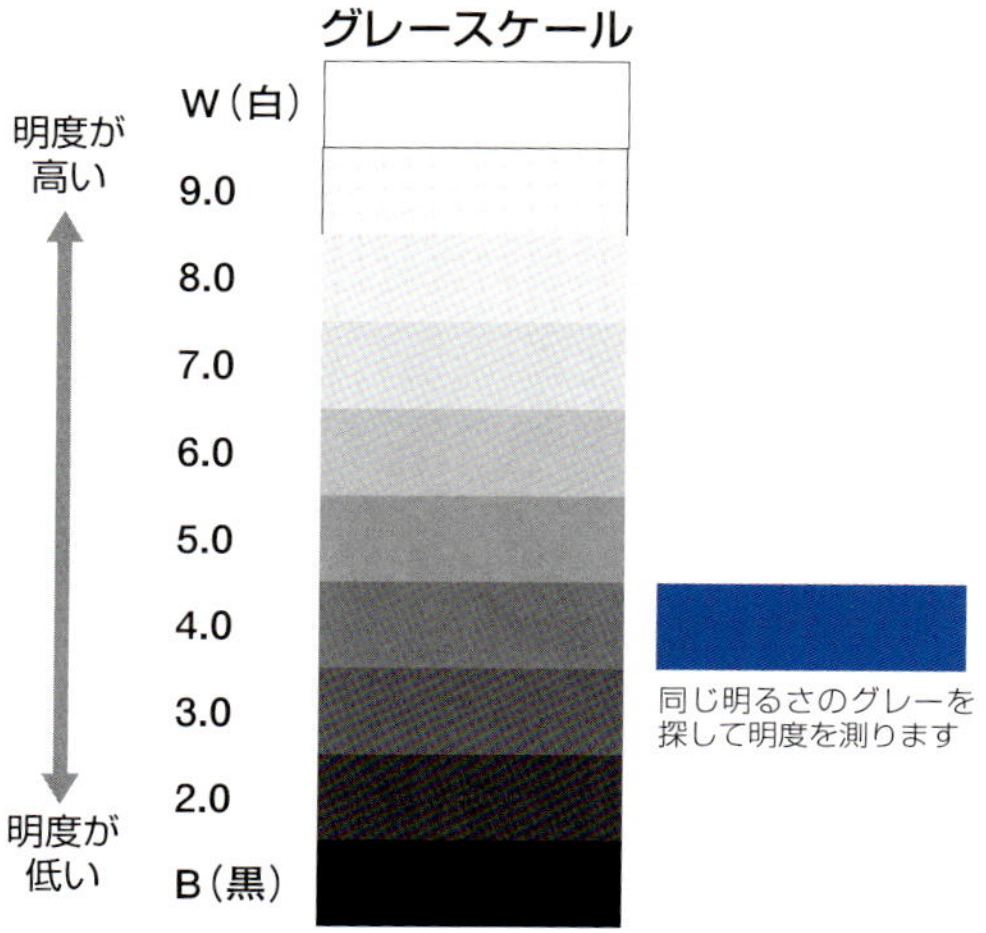

い（暗い）のが黒（完全吸収）で、間に灰色のスケールが並びます（図5）。

「彩度」は、色みの強弱（飽和度）、つまり鮮やかさの度合いです。図6のaとbのように真っ赤とダル（くすんだ）ピンクでは、赤の色みの強さが違います。真っ赤（a）は赤みが強く、鮮やかです。ダルピンク（b）は赤みが弱く、穏やかです。無彩色は色みがないので彩度は0になります。各色相の最も彩度の高い色を「純色」といいます。

色相、明度、彩度を「色の三属性」といい、無彩色以外の色はすべてこの属性を持っています。これを三次元で現わしたのが「色立体」です（図7）。

●トーン表

普段私たちは色の情報を伝えあう時、ほとんどイメージの世界の言葉で表現しています。パステル調、ダーク調、ダル調、グレイッシュ調などと

■図6〈彩度尺度〉

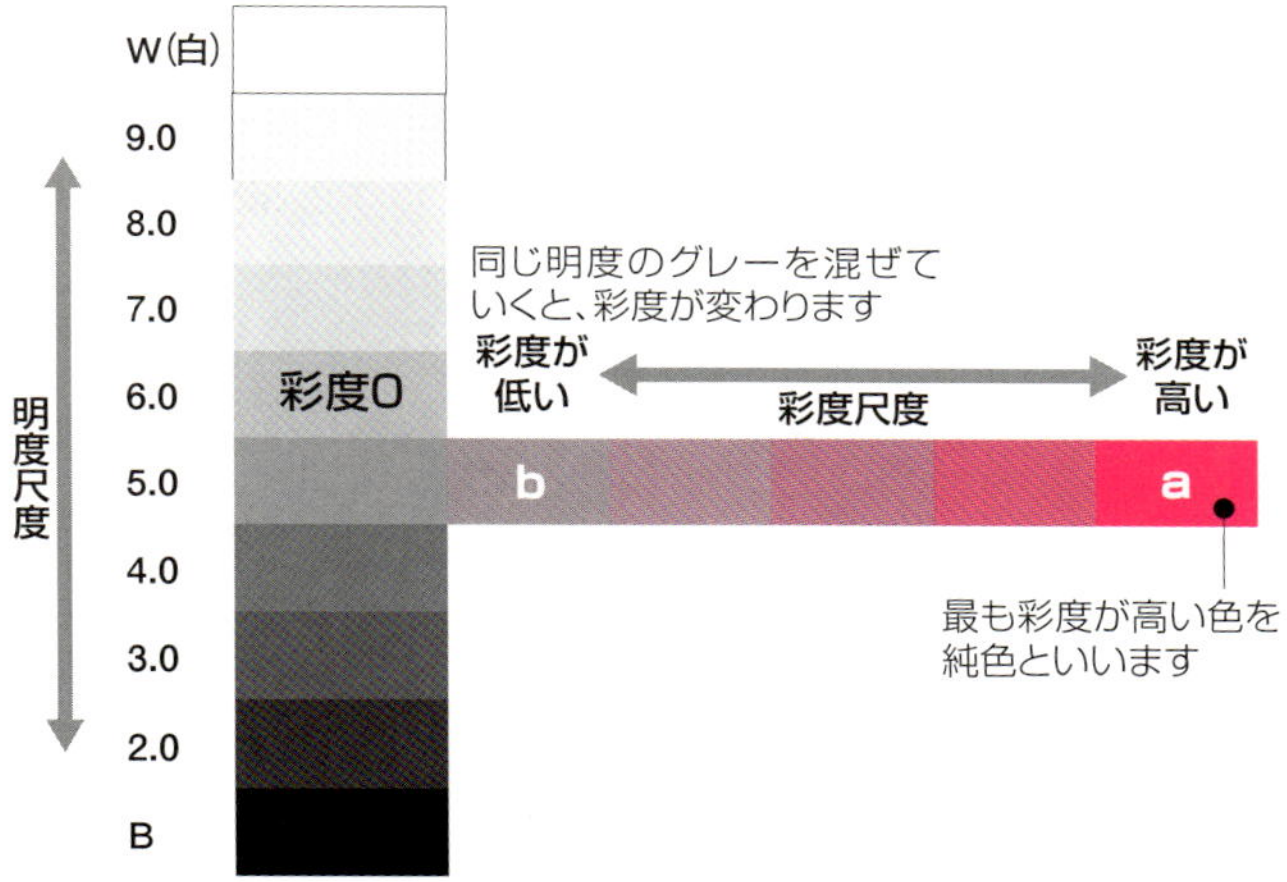

■図7〈色立体〉

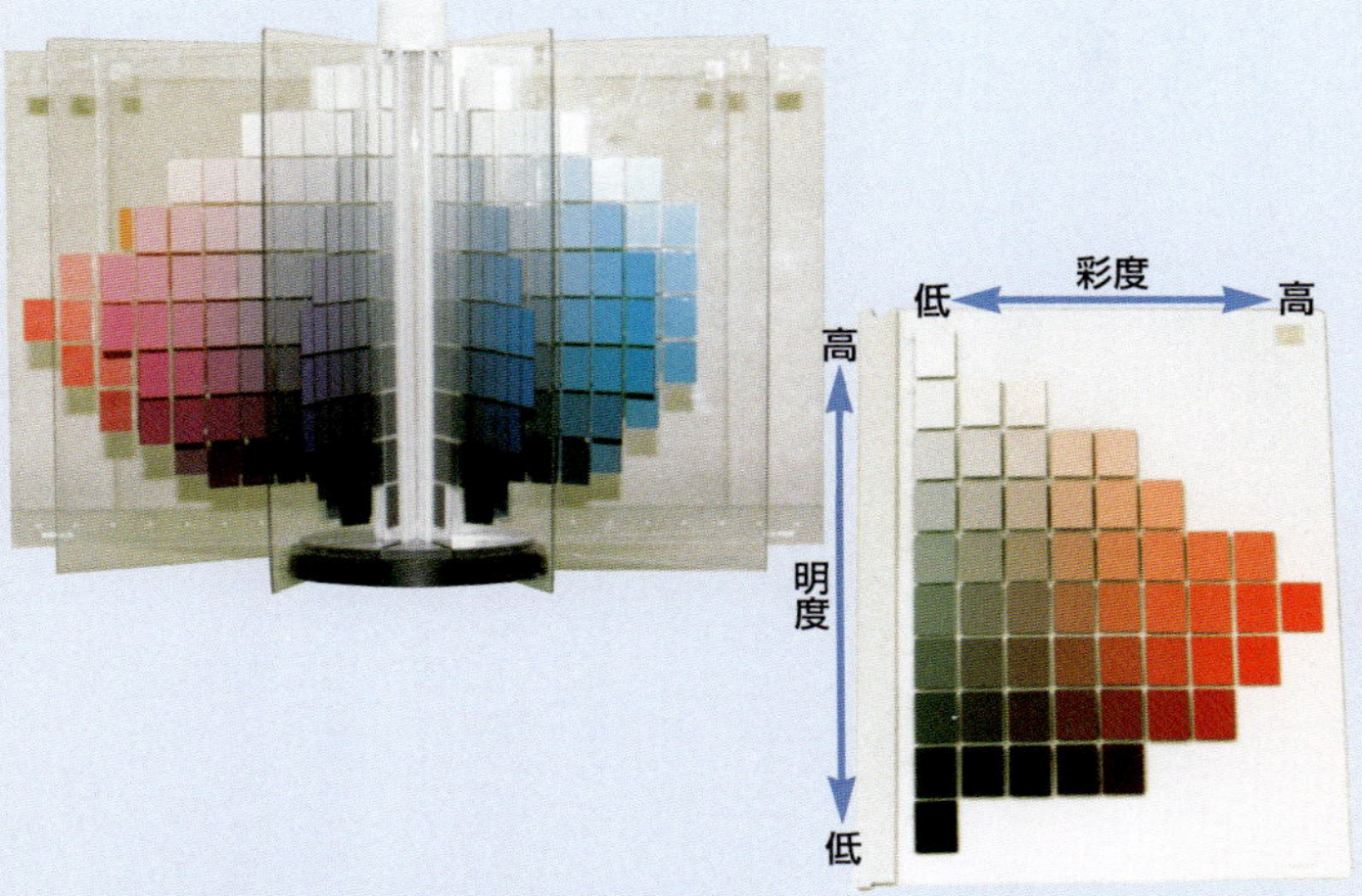

■図8〈いろいろなトーン①〉

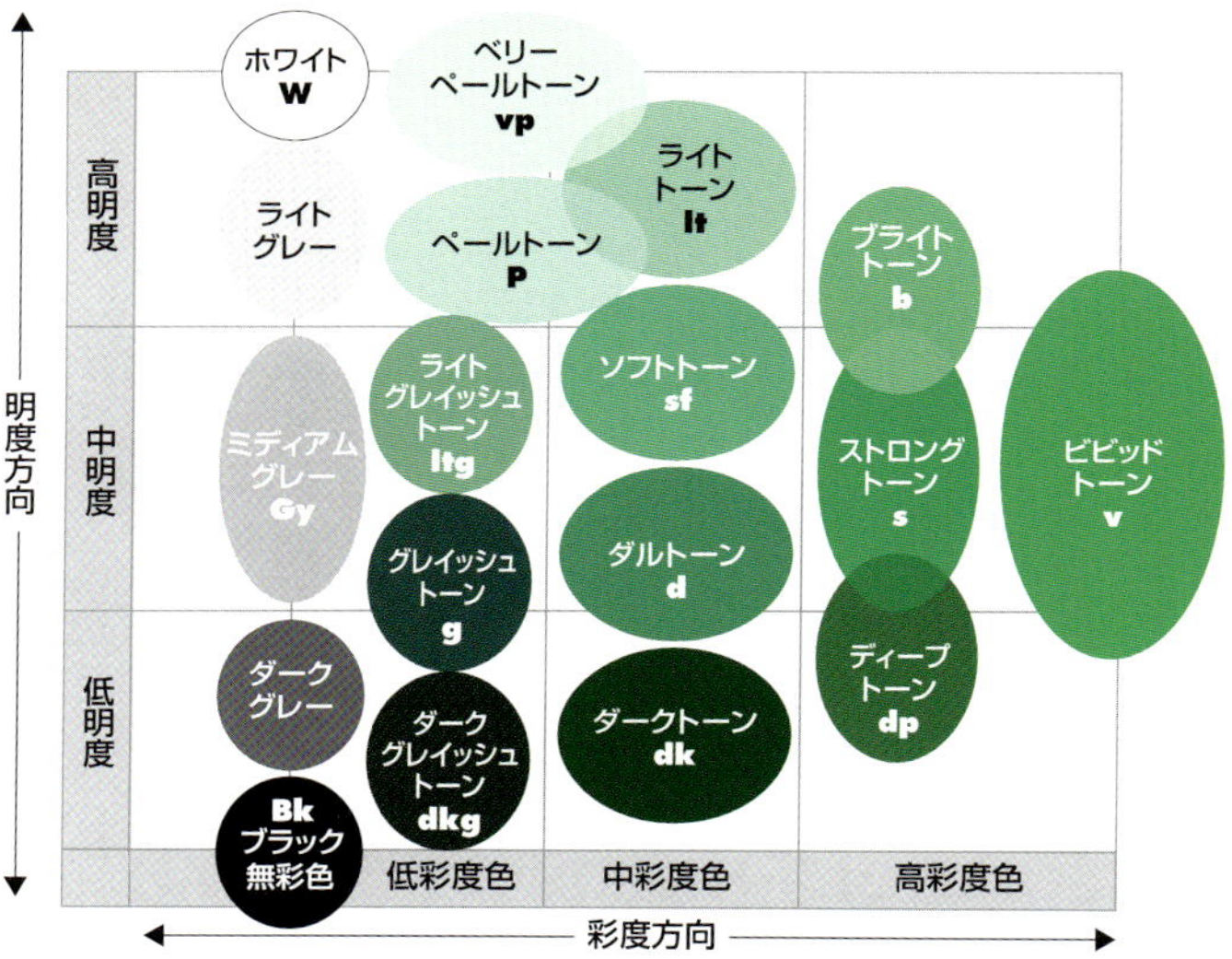

いう具合です。派手とか地味というのも同様の表現です。このような〝色の調子〟を「トーン」といいます。トーンは、先に述べた色の三属性をもとにした、色の明暗（明度）、濃淡（明度・彩度）、強弱（彩度）の調子をすべて含んだ表現です。

「パステル調の」ピンクといえば、明るく、淡く、弱い調子（トーン）の色をイメージできます。やわらかいイメージが伝わってきますね。「ビビッドな」赤といえば、明るさは中くらいで濃く、強い色となり、赤の持つ強力なパワーを感じます。

このように色は、三属性が変化することで、イメージも変化します。トーンの概念を使うことで、無数にある色を把握でき、イメージの統一や配色を考える際、効果的に応用することができます。

■図9〈いろいろなトーン②〉

《色調》
色の明暗・濃淡・強弱などの調子を『色調(トーン)』と呼びます。
『色調』とは明度と彩度を複合的に考えたもので、色相が違っても同じトーンには共通の感情効果があります。

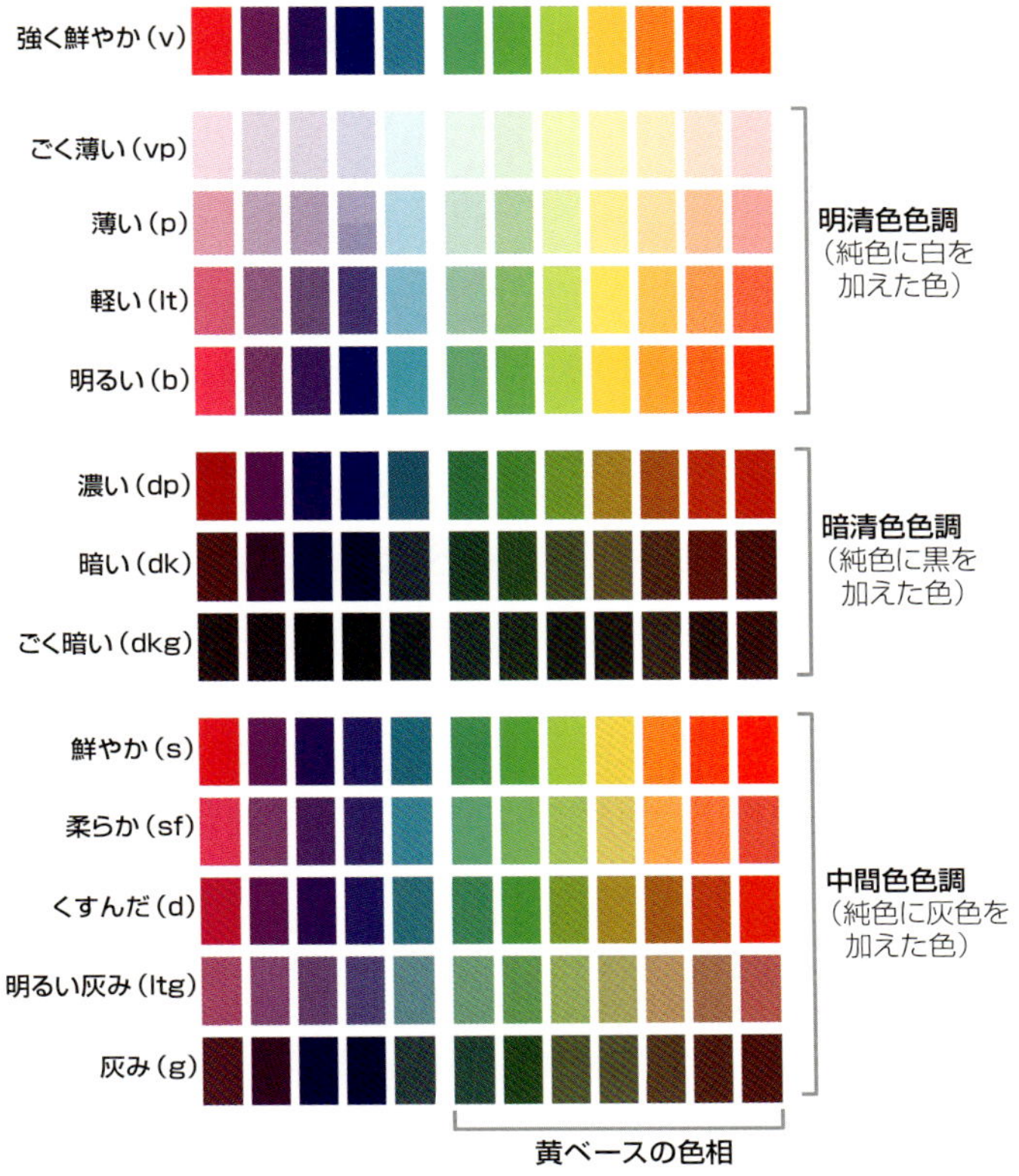

基本の色、混ぜてつくる色

▼三原色と補色

一般的に「原色」というと、派手な色のことだと思いがちですが、正確には、「他の色を混ぜ合わせても得られない、独立した色」のことをいいます。原色は3つの色から成り、この「三原色」と無彩色の白と黒を混ぜ合わせることで、すべての色を作ることができます。

ところでこの「三原色」には、「赤緑青」と「赤黄青」の2種類の色の組み合わせがあります。これは、光の色を混ぜるのとインクの色を混ぜるのとで、色のでき方が違うからです。この2種類のことを、それぞれの三原色の頭文字をとって、RGB、CYMといいます。

●光源の色を混ぜる（RGB）―加法混色

RGBのRはred（赤）、Gはgreen（緑）、Bはblue（青）を表わし、この三色を「光の三原色」といいます（図10）。

光の場合、赤と緑の光を混ぜると黄色（イエロー＝Y）となり、緑と青の光を混ぜると緑みの青（シアン＝C）、青と赤の光を混ぜれば赤紫（マゼンタ＝M）というように、混ぜれば混ぜるほど明るい色ができます。光の三原色を混ぜると、なんと白になります。電球などの光が白色に見えるのはこのためです。

このように、混ぜることによって明るい色を作り出す混色を「加法混色」といいます。この混色の原理を応用したのがカラーテレビです。カラーテレビの画面は肉眼ではわかりにくいのですが、拡大してみると赤、緑、青の粒がさまざまな明るさで光っているのがわかります。これらが人間の眼（網膜）で混じり合うことで、カラフルな画像に見えるのです。ゲームやアニメのコンピュータグラフィックスやデジタル画像、舞台のライトなども同じ原理です。

■図10〈光の三原色と加法混色〉

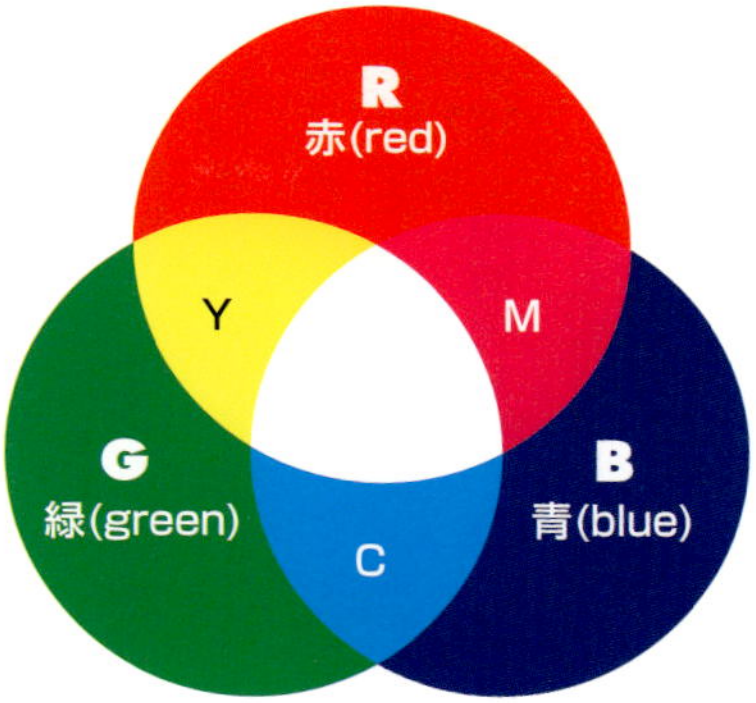

■図11〈テレビ画面のしくみ〉

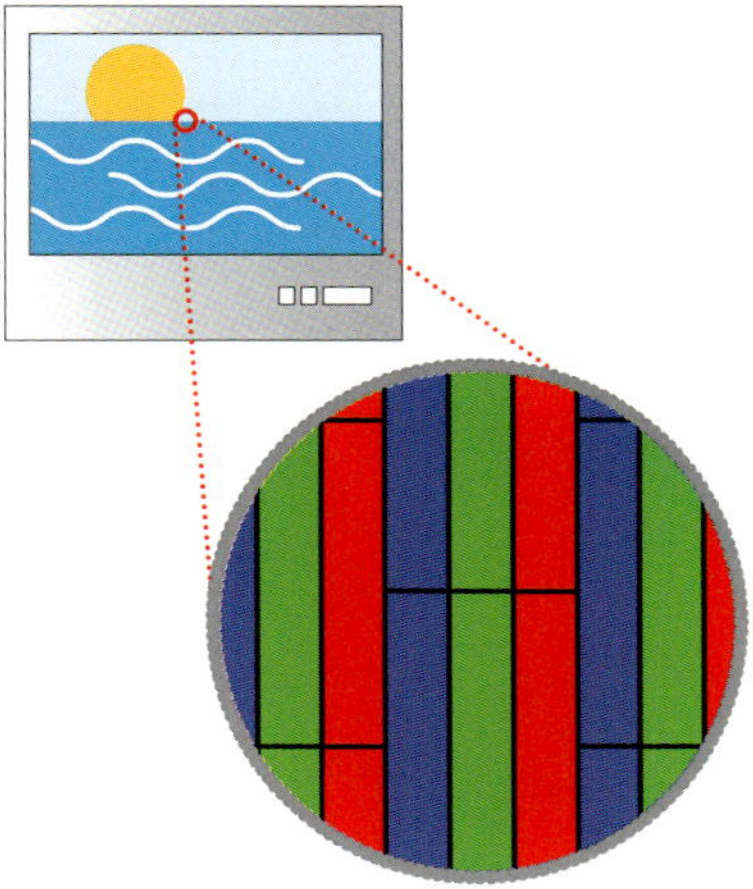

●インクの色を混ぜる（ＣＹＭ）——減法混色

ＣＹＭは、cyan（青）、yellow（黄）、magenta（赤紫）の頭文字です。こちらの三色は「色料の三原色」といいます（図12）。

絵の具を思い出せばわかるように、こちらは混ぜれば混ぜるほど暗い色ができます。三原色を混ぜ合わせると、黒に近い暗く濃いグレーになり、光の三原色の場合とは反対の現象です。ですから、色料の場合は「減法混色」といいます。

カラー印刷物をルーペで拡大して見ると、赤、黄、青そして黒の４色の点が並んでいて、その組み合わせですべての色が作られているのがわかります。三原色だけでは黒を作り出すのは難しいため、カラー印刷の場合は、黒（Ｋ）を加えてＣＭＹＫで色指定を行なっています。

コンピュータの画面の色とプリントアウトした色が違ってしまうと悩んだ人がいるかもしれませんが、それは当たり前であることに気づきます。画面では光の三原色で作られた色を見ているのに、プリントアウトは色料の三原色で作られた色で出てくるからです。印刷の世界では、少しでもＲＧＢの色に近づけるために、紙質を選んだり、ＣＹＭのバランスを調整したりと工夫に余念がありませんが、完全に同一色にするのは無理であることが理解できますね。

しかし、光源で作る色に触れる機会は日常では限られていますから、この本ではとくに断らない限り、色料の色についてお話しします。

ところで、一般的に私たちが「赤」と呼んでいるような赤と、三原色の赤（マゼンタ）とは図を見てわかるように、少し違います。一般的な「赤」はレッドオレンジともいう色で、マゼンタに黄色を混色しているのに対し、純粋な赤であるマゼンタは一般的には赤紫っぽいといわれるような色です。赤に白を加えるとピンクになるという認識がありますが、実際にピンクになるのはマゼンタの方で、レッドオレンジに白を加えると、コーラルピンクやサーモンピンクに変化します（図13）。

シアンと一般的な青にも違いがあります。一般的な青は、少し赤（マゼンタ）の加わったバイオレットブルーで、両方に白を加えると、シアンは空色に、青は藤色に変化します。

■図12〈色料の三原色と減法混色〉

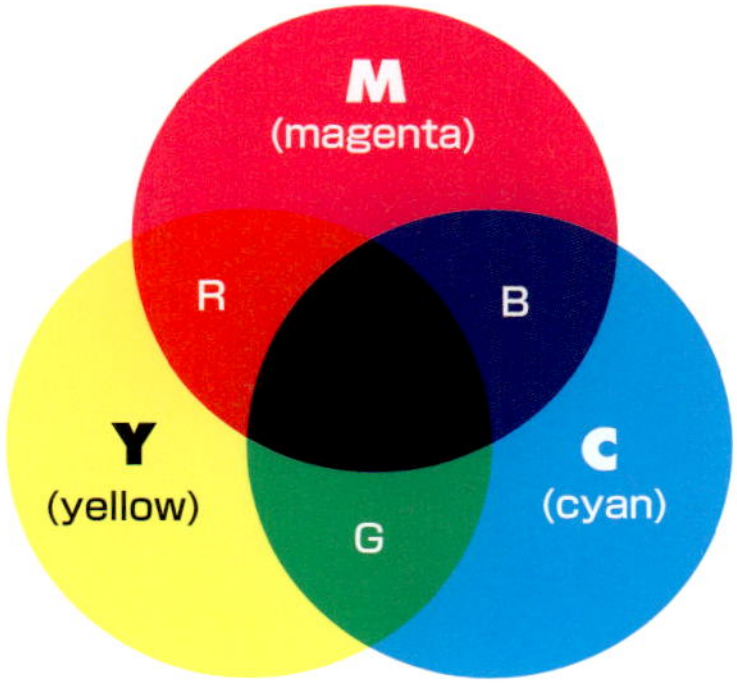

■図13〈マゼンタと赤、シアンと青〉

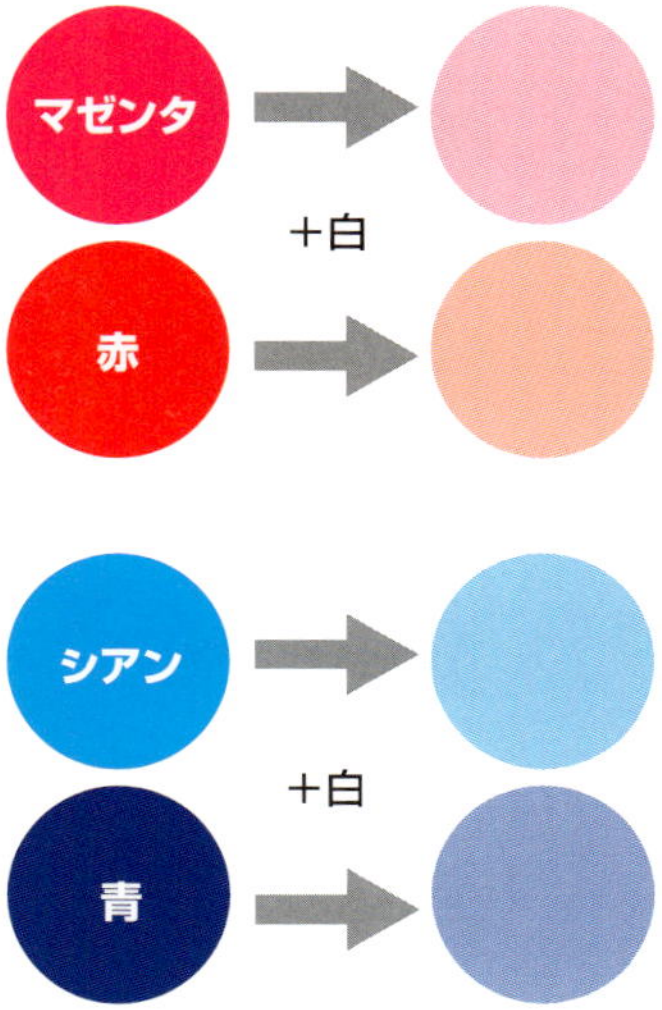

補色とは

「補色（complemetary color）」というと難しそうに聞こえますが、「反対色の関係」といいかえるとわかりやすくなります。

この反対色とは、一般的には混ぜると無彩色（黒に近い灰色）になる色同士のことを指しますが、ある色をしばらく見て、白い壁などに目を移すと残像として現われる色の関係をいう場合もあり、前者を「物理補色」、後者を「心理補色」といいます。

具体的には、「赤と緑」、「黄色と紫」、「青と橙」のような関係です。11ページ図4の色相環で、向かい合っている色同士が、補色の関係にあります。

普段あまり意識されない補色ですが、実はさまざまなところでこの関係が影響しています。補色を利用したポピュラーな例として、外科医がオペに入る際に白衣から薄い緑やブルーの手術着に着替えたり、手術室の壁が淡いグリーンであることが挙げられます。その理由は、緑が赤の補色だからです。手術中じっと赤い血を見ているために、チラチラと緑色の残像が見えてくるのを、手術着や壁の緑で対比を避け、気が散るのを防いでいるのです。

また、「色陰現象」というのがあります。これは、無彩色のグレーに、近くの色の補色がかかって見える現象です。たとえば、赤のコートにグレーのショルダーバック、ブルーのコートにグレーのショルダーバックを持った人がいたら、さあ、バッグの色はどのように変化して見えるでしょうか。

赤の補色は青緑、ブルーの補色は黄色です。するとショルダーバックはそれぞれ、青緑っぽいグレー、黄色っぽいグレーに見えるのです。

■図14〈補色とは？〉

物理補色 混ぜると黒っぽい色になる

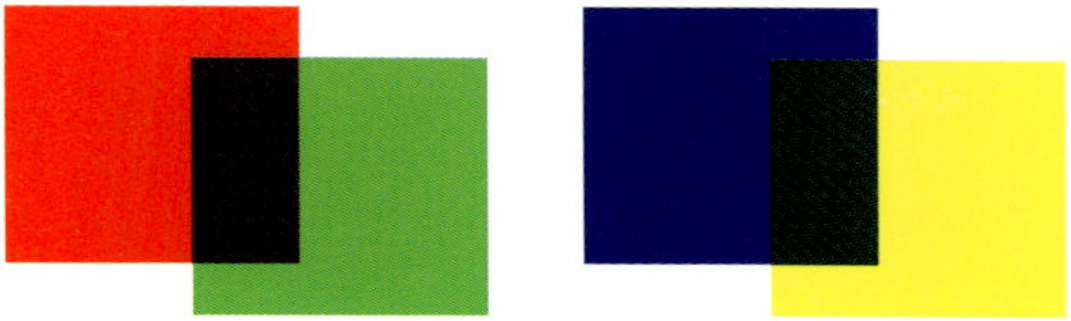

心理補色 残像として現われる

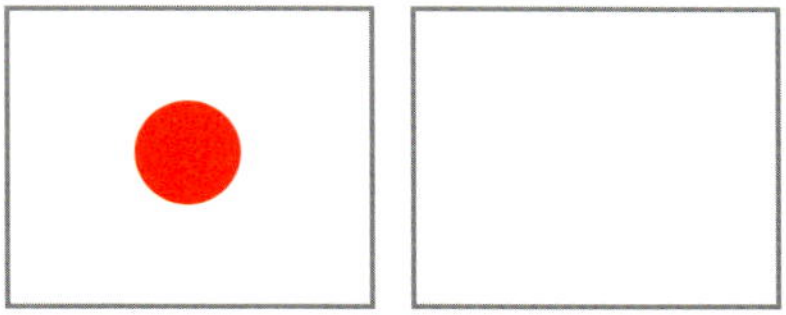

左の赤い丸を30秒間じっと見つめ、右の白いスペースに目を移すと、補色の色の残像が見えます。

■図15〈色陰現象〉

？ グレーのショルダーバッグは何色に見えるでしょうか

人間の眼はどのように色を認識するのか

▼眼の構造と色を見るしくみ

●色を見分けるのは視細胞

あなたは何色の色を見分けられますか？　そういわれても、なかなか数えられませんよね。人間が肉眼で見分けられる色は、750万から1000万色といわれています。ハイカラーと呼ばれるパソコンのディスプレイが表示できるのは約6万5000色ですから、私たちの眼はそれよりもはるかに多彩な色を見分けることができるのです。

眼は私たちの感覚器官、とくに五感（視覚、聴覚、嗅覚、味覚、触覚）のうち、最も活躍している器官で、外界の情報の87％は視覚が受け取っています。では、眼が色を見るしくみを見てみましょう。

目に届いた光（色の情報）は、まず網膜の視細胞がキャッチします。網膜の中心部には「中心窩《きょう》」、または「黄斑《おうはん》」

■図16〈五感の働き〉

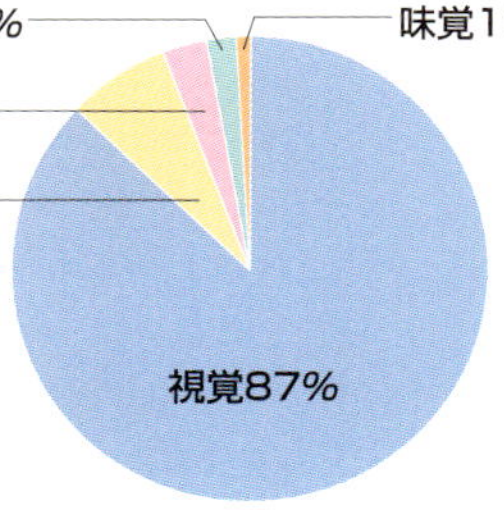

外界から受け取る情報の割合は、視覚が圧倒的

と呼ばれる部分があり、そこには主として色や形を見分ける「錐状体《すいじょうたい》視細胞」、色は見えませんが明暗に反応する「桿状体《かんじょうたい》視細胞」の2つがあります。色の情報は、錐状体視細胞がとらえるわけです。そして視神経を通って大脳に送られ、ここで初めて色を認識します。

■図17〈眼の構造〉

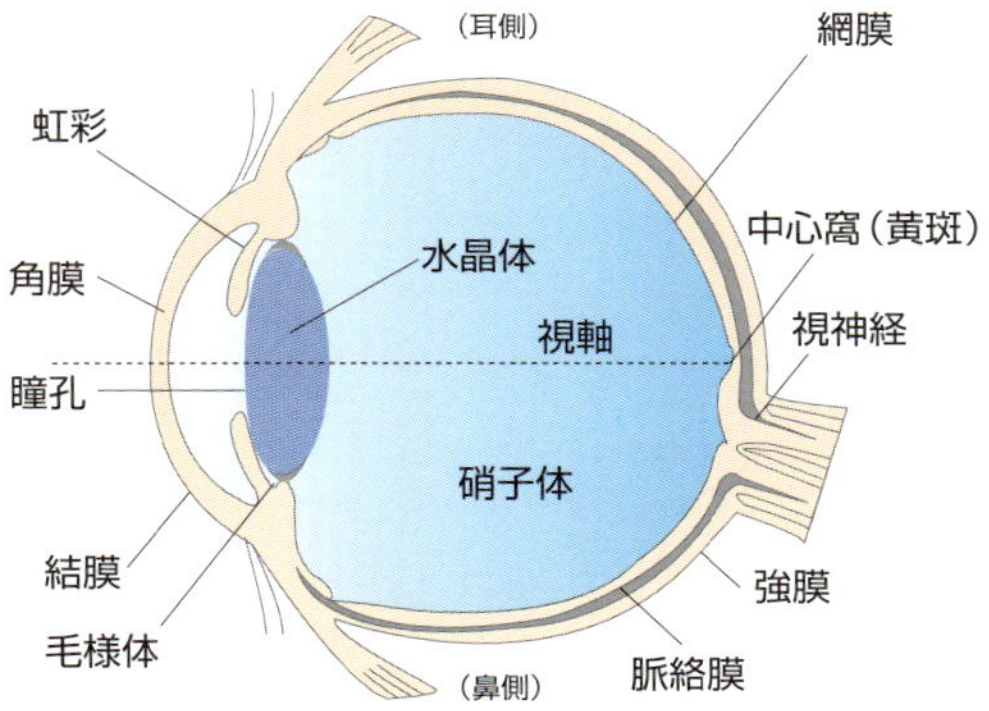

明るい昼間に映画館に入ると、はじめは暗くてどこに空席があるかわかりませんが、5～6分経つと目が慣れ、空席の位置が見えてきます。この働きは桿状体視細胞によるものです。鳥の網膜はこの桿状体視細胞がほとんどないため、夜暗くなると何も見えなくなります。「鳥目」という言葉の理由もここにあるのです。

人間の眼の構造はカメラに似ています。というより、カメラの方が人間の眼に似せてつくってあるわけですが、角膜はカメラのレンズを保護する素通しの保護フィルターにあたります。水晶体はレンズにあたり、カメラと同様に物体までの遠近に応じてピントを合わせることができます。その間にある虹彩は、光の量を調節する絞りの役目をします。

●眼の老化―歳とともに色は変化して見える

赤ちゃんの眼は、澄んでいてとてもきれいです。そういうと「赤ちゃんは汚れを知らないから」と、精神的な面から理由をあげてくる人がいるかもしれませんが、実際に赤ちゃんの眼はちゃんと澄んで見えるのです。

よく観察してみてください。白眼は白と決めつけていませんか。赤ちゃんの白眼をよく見ると、青みを帯びて澄んでいるのがわかります。それに比べて大人の眼は、ずっとくすんでみえます。なぜそうなるのでしょう?

私たちの眼も、体の他の機能と同じように老化します。歳をとれば老眼にもなって、近い物が見づらくなります。機能の衰えは日常生活に不便をもたらすので、すぐに気づいて老眼鏡のお世話になりますが、白眼の色まで変わってきていることにはなかなか気づきません。白眼の色は、赤ちゃんの時の透明なブルーから、どんどん変化して茶色になっていくのです。つまり、眼が老化すると、薄い黄色~茶色のサングラスをかけて物を見ているのと同じ状態になります。

瞳の周りには虹彩という部分があり、白眼は虹彩の色に影響され、青または茶色に見えます。虹彩はバラバラの繊維からできた筋で、その繊維は、大気と同じ方法で光線を散乱させます。つまり空が青く見えるのと同じ原理で、新生児の瞳が青く見えるのです。また虹彩はメラニン色素を含んでいます。そのため虹彩には、皮膚のメラニン色素が沈着してシミやソバカスができ、黄変していくのと同じ現象がおこります。新生児の虹彩にはこのメラニン色素が少ないた

■図18〈通常の視界と老化した眼の視界〉

●眼が老化すると、視界が黄みがかって見えます（下）。

めに瞳が青く見えますが、その後、外に出て活動するようになると、紫外線を遮断するために茶色の色素が虹彩の背後に現われはじめます。そのようにして、瞳が茶色に変化していくのです。

老化は誰にとっても避けられるものではありません。だからこそ、暗い場所で眼を酷使しないようにしたり、子供がテレビやゲームに夢中になる時は、適切な距離をとらせたり時間を制限するなど、普段の生活から十分に注意したいものです。

色の心理的効果

▼寒色と暖色、興奮色と沈静色など

色は目に映りただ色として認識されるだけでなく、私たちの心理にも働きかけます。その働きかけ方は色によって異なり、ある色は暖かそうに見えたり、寒そうに見えたり、重そうだったり軽そうだったり、柔らかそうだったり固そうだったりします。

さまざまな心理的効果は、後天的な経験や慣習などからの連想によるものもありますが、世界で一般的に共通している効果もあります。主なものを次に挙げていきます。

■図19〈寒色系と暖色系〉

●寒色系と暖色系

暖かいと感じる色と、寒そうだと感じる色です。

赤、橙、黄色などが暖色系です。太陽や火など、熱いものを連想させるからかもしれません。寒色系は、青、青緑、白などです。雪や氷のイメージです。どちらともいえない、黄緑、緑、紫などを中性色系といいます。

ある実験では、四方を暖色に塗った部屋と寒色に塗った

■図20〈軽い色と重い色〉

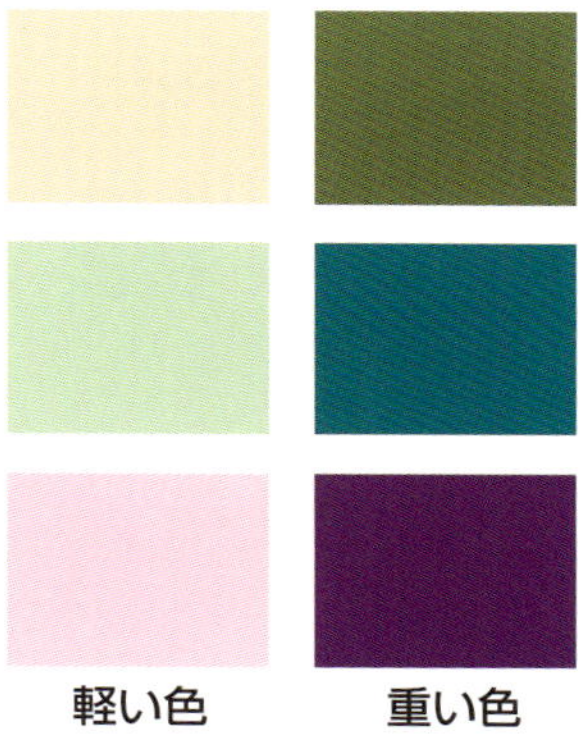

■図21〈興奮色と沈静色〉

部屋では、ドアを開けた時に瞬間的に感じる温度に、イメージとして3～4度も差があるという結果があります。

●軽い色と重い色

劇場の緞帳《どんちょう》は重々しい赤紫色ですが、あれが薄いクリーム色だったら風でめくれてしまいそうに見えないでしょうか。つまり明度の高い（明るい）色ほど軽く感じ、明度の低い（暗い）色ほど重く感じます。

とくに光を多く反射する白は、色の中でも一番軽いイメージを与えます。逆に光を多く吸収する黒は、最も重く感じます。

●興奮色と沈静色

闘牛場で翻る真っ赤な布を見ていると、こちらまで興奮してきます。このように赤に代表される暖色系で高彩度の色は、興奮感を与えます。正反対の寒色系で低彩度の色は、沈静効果があり、心理状態を落ち着けます。

■図22〈進出色と後退色〉

？どちらが近くにどちらが遠くに見えますか？

■図23〈膨張色と収縮色〉

中の四角はどちらも
同じ大きさですが…

●進出色と後退色

同じ位置にあるのに、こちらに迫ってくるように見える色と、遠くにあるように見える（または自分が吸い込まれるように感じる）色があります。前者を進出色、後者を後退色といいます。

一般的に、黄色や赤のような暖色系の色や明るい色が進出性が高く、青などの寒色系の色や暗い色は後退して見えます。

●膨張色と収縮色

同じ大きさなのに、大きく見える色と小さく見える色があります。これを膨張色、収縮色といいます。迫ってくるように感じる色は大きく見えますし、遠くに感じる色は小さく見えますから、前述の進出色は膨張色、後退色は収縮色とほぼ同じ属性の色です。

ただ膨張色・収縮色はとくに明度に左右され、最も明度が高い白は膨張度が高く、黒が最も引き締まって見えます。

これらの効果を知ることで、目的に合わせた効果的な色使いが可能になります。

Part 2

配色のルールとテクニック

色を組み合わせてみよう

▼配色とは

色が一色で存在していることはあまりありません。また一色では、その色の個性や効果はわかりにくいものです。そこで「配色」が重要になってきます。

配色とは、色と色を組み合わせることです。組み合わせることにより、それぞれの色が持つ個性（イメージ、特徴）が輝き、単色では出しにくいより良いイメージや色が持つ効果を活かし、伝えることができます。より複雑な効果を生み出すことも可能です。

たとえば交通標識の「止まれ」は、赤の地色に白文字の組み合わせです。赤で注意を喚起しておいて、白字の「止まれ」を読ませるという、赤の持つ強いイメージ性を活かした例です。

また、フランスの国旗はトリコロール（3色）配色の代表として親しまれていますが、この3色の色の並びを、赤・白・青から赤・青・白とか青・赤・白に並べ替えると、全く違ったイメージになります。接近した赤と青が、お互いの色を殺し合っているような印象です。フランスの国旗は、白が中心にあるために、赤と青が輝いているのです。

配色とは並べる順番のことだけではありません。同じフランスの国旗で、今度は分量に変化をつけ、白の量を半分にしてみるとどうでしょう。赤と青に挟まれた少量の白は圧迫されてバ

■図1〈トリコロールの順番や面積をかえてみると…〉

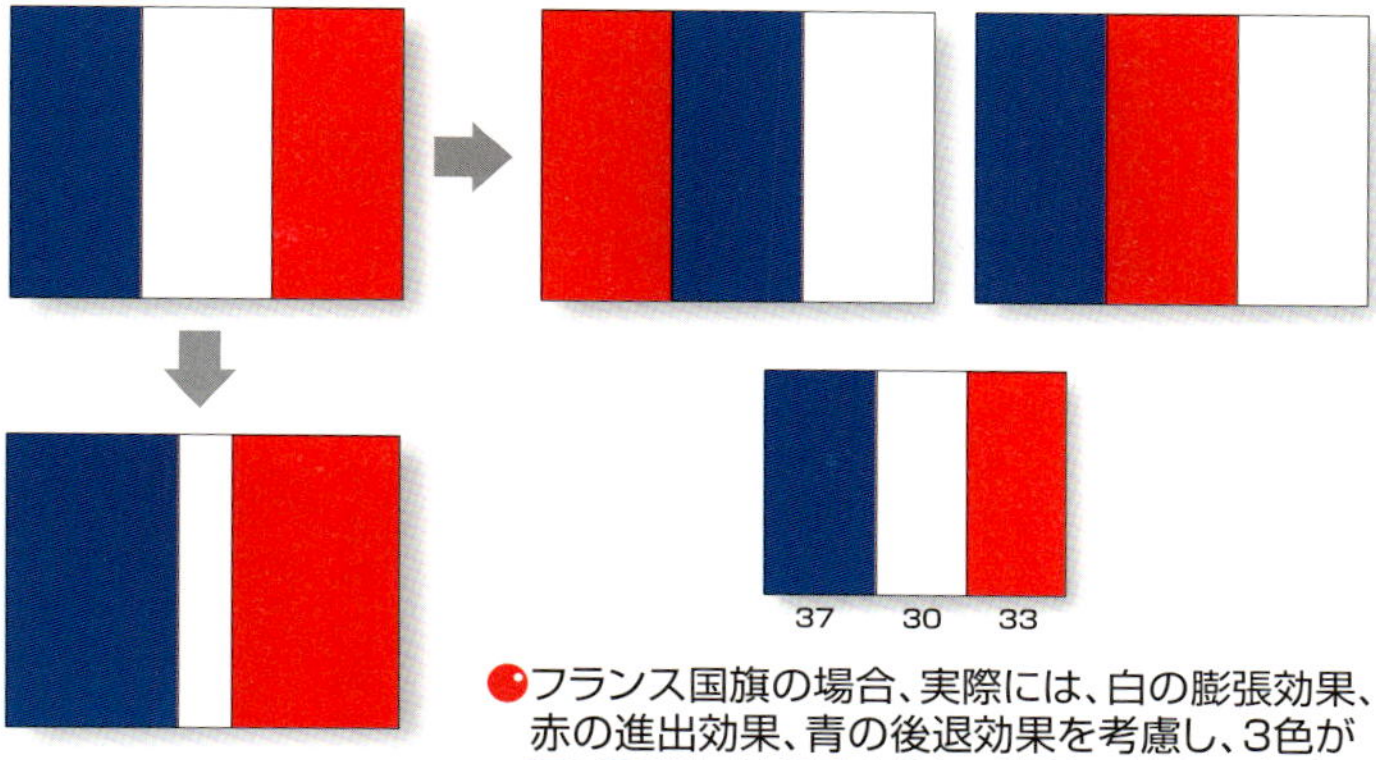

●フランス国旗の場合、実際には、白の膨張効果、赤の進出効果、青の後退効果を考慮し、3色が同じ面積に見えるように、横幅の割合は青:白:赤=37:30:33と定められています。

ランスを崩してしまい、フランスの国旗の精神（自由、平等、博愛）までいびつに見えてくるから不思議です。

配色の効果は、色相、明度、彩度、使う分量（面積）と配置によって変わります。さまざまな目的に合わせて、その効果をコントロールするのが配色の技術です。交通標識や看板などは視認性（目立つこと）や誘目性（目立つうえに人を引き付けること）のあることが大事です。ファッションではイメージや個性を表現したり、インテリアは人が安らぐ空間を演出したり、配色で欠点をカバーすることも可能です。衣・食・住のシーンすべてに、目的別の色の組み合わせが考えられます。

配色を知ることで、色の世界はぐんと広がりをもってきます。配色の効果にはさまざまなきまりやルールがありますから、それらのいくつかを見ていくことにしましょう。

配色の基礎知識

▼色相配色・明度配色・彩度配色

配色のテクニックを知る前に、色相（色み）、明度（明るさ）、彩度（鮮やかさ）別に配色する基本的なパターンについて説明しましょう。

●色相配色

きゅうり、レタス、サラダ菜などのグリーンサラダは、同じ緑の色相の仲間が集まった同一色相の配色です。これに黄色のレモンやパプリカなどを加えると、「類似色相（似た色）配色」になります。赤いトマトやレッドオニオンなどを添えると、「対照色相（反対の色）配色」となります。パプリカやトマトに、さらにオレンジ色の人参なども加えたカラフルなミックスサラダなら、「多色色相配色」です。

このように色相を中心にした配色を「色相配色」といいます。

■図2〈野菜サラダの色相配色〉

■図3〈明度配色、彩度配色の例〉

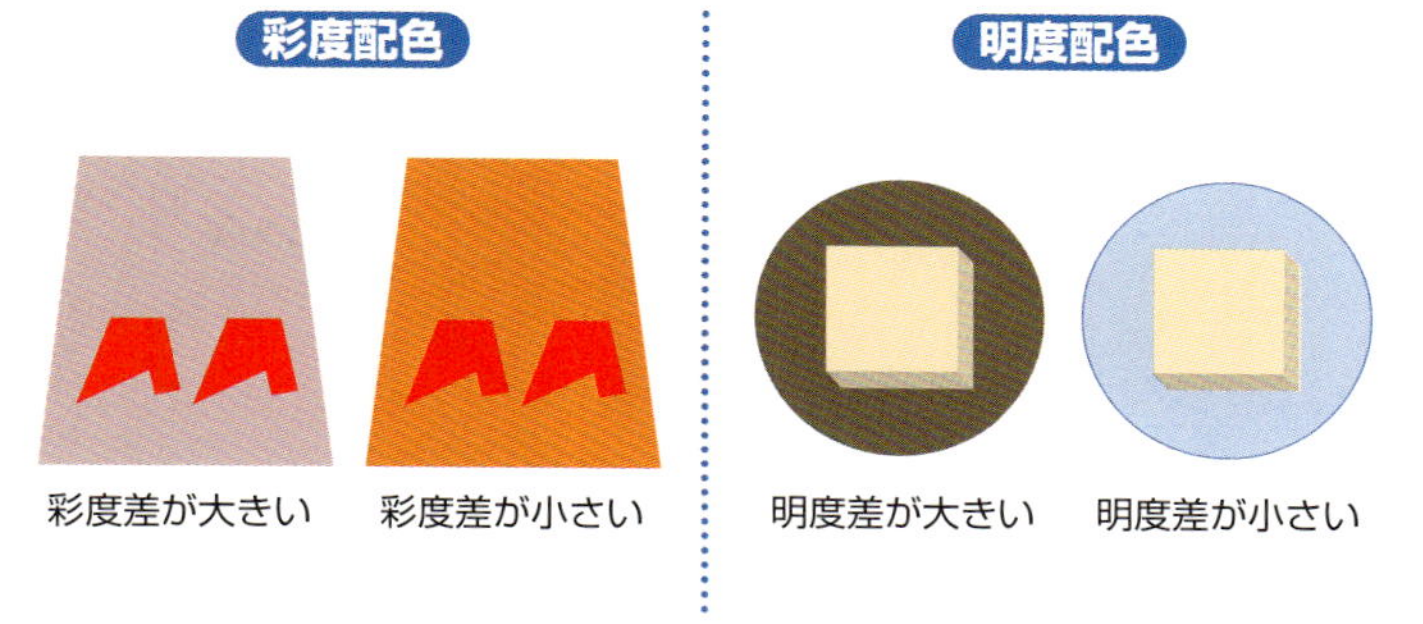

●明度配色

黒い器に卵豆腐（明るい黄色）を盛る組み合わせ。このように明るさに極端な違いがあることを「明度差が大きい」といいます。明度差が大きいとメリハリがつき、活動的な印象になります。反対は「明度差が小さい」といい、落ち着いたやさしい印象になります。

明度差が小さいときは、明度の高さによっても印象が異なります。高明度同士では明るく柔らかいイメージ、中明度同士では落ち着いた上品なイメージ、低明度同士ではどっしりと静かなイメージになります。

●彩度配色

グレーやダルピンクの服に真っ赤な靴といった組み合わせは、「彩度差が大きい」といいます。

彩度の低い色の中に、鮮やかな（高彩度）の赤を小面積で使うことにより、赤が引き立ちます。このように鮮やかさが強調される配色は彩度を中心にした配色方法です。

配色にはルールがある

▼いろいろなテクニック

●グラデーション（階調）

色相、明度、彩度などを規則的に変化させる配色です。虹の7色は色相のグラデーションの代表的な例です（赤→橙→黄→緑→青→藍→紫）。黒に白を加えていくと黒～白までの明度グラデーションができ、赤に同じ明度のグレーを加えていくと、赤～グレイッシュピンクまでの彩度グラデーションができます。

変化が規則的なグラデーションは、逸脱がなく安定したリズムが人を心地よくさせます。しかし、5段階以上の変化がないと面白みに欠けます。

私達の生活の中でもこの配色はおおいに活用できます。顔のメイクでは、アイシャドウやチークをベッタリ塗るのではなく、濃度にグラデーションをつけると

■図4〈グラデーション配色〉

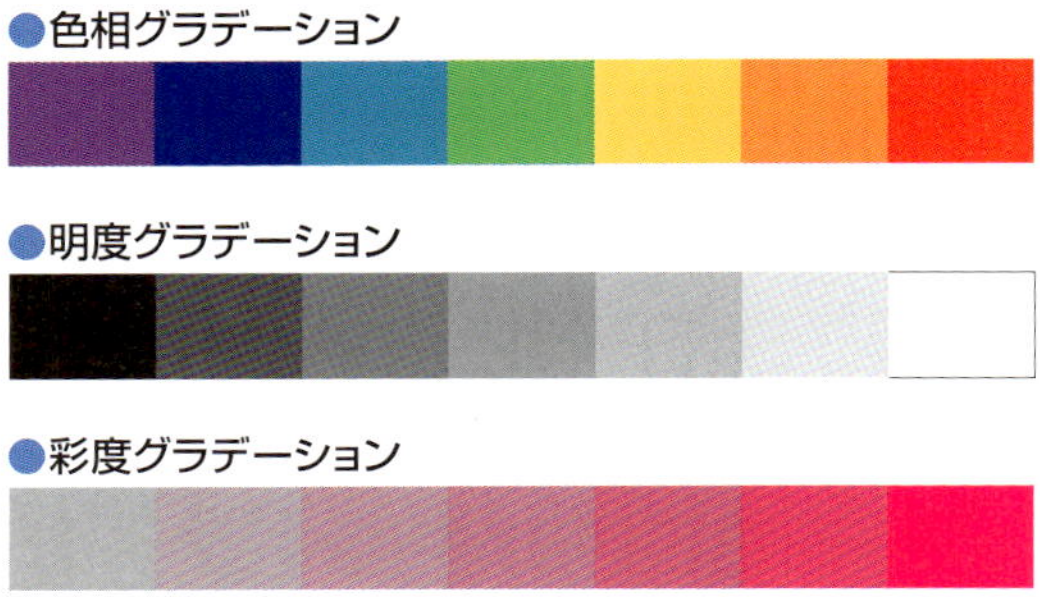

■図5〈ドミナント配色〉

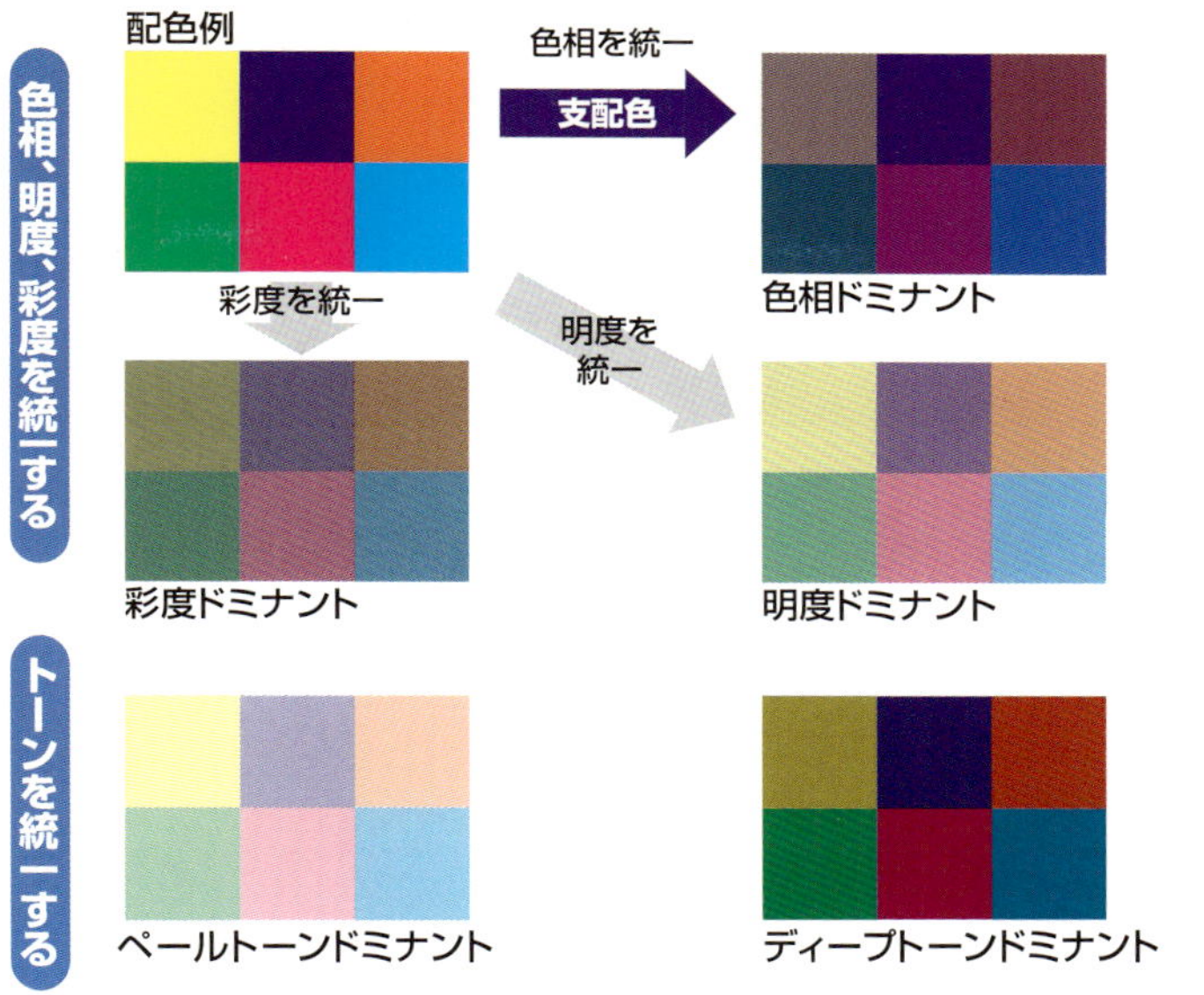

立体的に仕上がります。ファッションでも、足下の方を濃く（暗く）、頭の方に行くにつれ薄い（明るい）色の配色にすると落ち着いた印象を与えられ、また背も高く見えます。

●ドミナント（支配）

あるひとつの色相やトーンで配色全体を統一する（支配する）ことを「ドミナント」といいます。

春から夏にかけての野山は、淡い緑や濃い緑などたくさんの種類の樹木の緑に覆われています。これは緑に支配された色相ドミナントです。秋の紅葉は、赤、橙、黄など複数の色相が見られますが、ストロングトーン（強い色）で統一されたトーンドミナントです。

■図6〈セパレーション効果〉

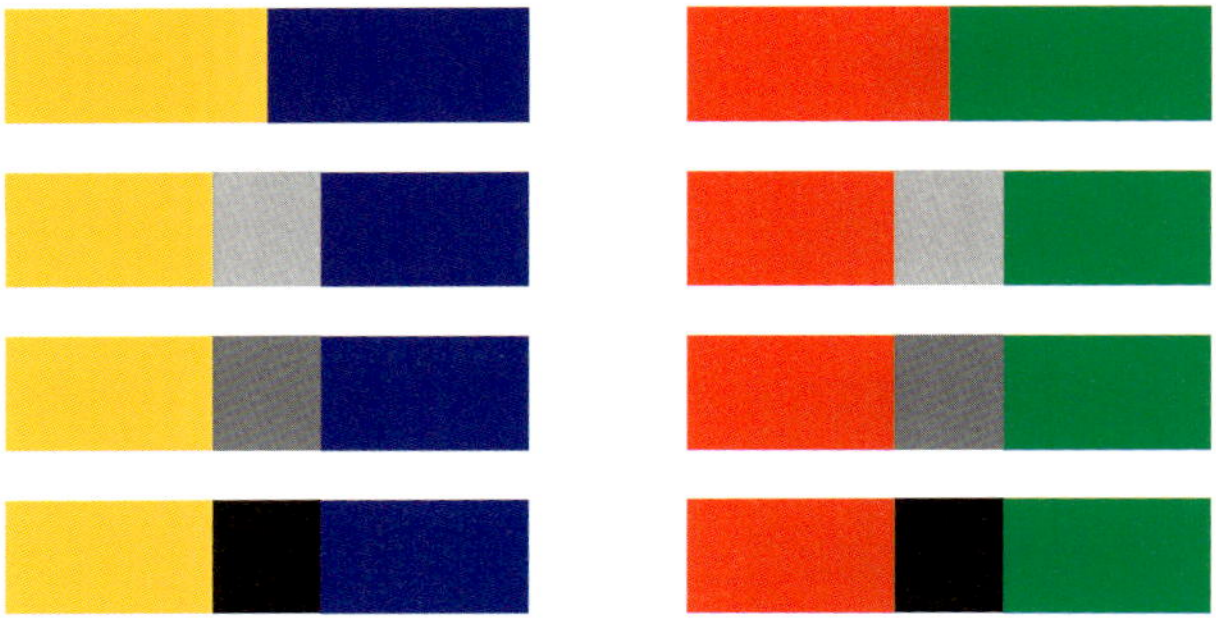

ドミナントの配色は、インテリアに応用すると、落ち着いた空間でありながら、程よいリズムが生まれます。たとえば、赤と緑をアクセントにモダンな空間を作りたいとイメージしたら、赤と緑がほんの少しでも含まれたグレーやアイボリーの壁紙や床材を使うと、赤と緑でドミナント（支配）された空間となり、程よく調和しながら、アクセント効果が得られます。

●セパレーション（分割）

グラデーションやドミナントは、色同士のつながりを活かした配色でしたが、セパレーションは反対です。

色と色の間に別の色を入れることを、「セパレートする（分割する）」といいます。分割することで、隣り同士の色の調子を強めたり、弱めたり、調和させる効果が生まれます。フランスの国旗のトリコロール配色がその例です。

間に入れる色は、隣り合う色を活かすために、一般的には無彩色（白、黒、グレー）や無彩色に近い色、金、銀などが

■図7〈アクセントカラー〉

使われます。

ファッションではベルトが好例です。アップとボトムの関係を和らげたり引き締めたりと、強弱の演出を楽しめます。また、セパレーション配色には、長い物を短く見せる錯覚視効果があります。背が高すぎて悩んでいる人は上下の服の色を分割することで、背を少し低く見せることができます。

●アクセント（強調）

小さい面積で使って効果を狙うのが、アクセントカラーです。明度や彩度に差のある組み合わせで使うと効果的です。看板や標識に向いています。

しかし、ファッションに応用する時には、全体の色（周りの色）に比べて、コントラストが強すぎるとうるさい印象になってしまうので注意してください。ダーク調のスーツを着て、アクセントにビビッド（鮮やかで、強い色）な赤や黄のネクタイ、ポケットチーフ、スカーフなどを加えると、アクセントカラーが浮いて見えます。少し鮮やかさを抑えることで調和させると、センス良くまとまります。

補色の（反対色）の妙味

配色において、補色を使いこなせるようになれば上級者です。補色を使った配色は、使う量とトーンにかかっているといっても過言ではありません。

1章でも説明しましたが、もともと補色の関係は、隣り合うと反発する色の組み合わせです。2色を同じ分量で使う時は、反発が強くなりすぎないよう、トーン差を小さくしてコントラストをつけないようにすると、まとまりが出ます。

たとえばファッションのコーディネートで、オレンジのブラウスにブルーのスカートではかなりきつい配色になりますが、オレンジのトーンを変えてサーモンピンクに、ブルーをちょっとグレイッシュなダルトーン（重く、鈍い色）にすると、補色同士でも上品な配色に変わります。

アクセントに補色を使う時は、分量は少なめが効果的です。トマトサラダのパセリのグリーンのような使い方ですね。

調和させづらい補色の組み合わせは、逆手にとれば、アクセントとして上手に使えます。調味料のスパイス（香辛料）のような存在感を出すことができます。平凡な配色ではつまらないと思っている人は、分量やトーンに気をつけて取り入れてみてはいかがでしょうか。

■図8〈補色の効果を知って使いこなそう！〉

4 見せたいイメージに配色する

▼元気な配色、落ち着いた配色

配色にはさまざまな法則があります。そのルールを知れば、「元気な感じにしたい」とか、「落ち着いた感じに」というイメージを演出することが可能です。

●元気な配色

元気な感じは、メリハリのある配色で表現できます。色相を中心に、明度・彩度も含めてコントラストをつけた配色でハードなリズムをつけましょう。

色相で最もコントラストが大きいのは、補色（反対色）の組み合わせです。一方をベース色とし、もう一方を差し色（アクセント）とします。差し色はファッションなら靴やバッグ、アクセサリーなどに用います。差し色の分量が多すぎると、お互いの色を強め合い下品になってしまいますが、少なすぎても躍動感は出ません。最低でも2か所に使うのがコツです。

補色の組み合わせでも、鮮やかで濃い純色同士で成功すれば、究極の補色調和となりハイセンスで元気な配色になることまちがいありません。

3色を組み合わせたい場合は、2色は同系や類似の色を使い、もう1色は、2色の間の色の補色を差し色として使いましょう。たとえば、グリーンとブルーにオレンジの差し色といった組み合わせです。補色同士の2色に無彩色を加えるという技もあります。白を加えればさわやかさが、黒を加えれば強さが強調されます。

■図9〈イメージを演出する配色例〉

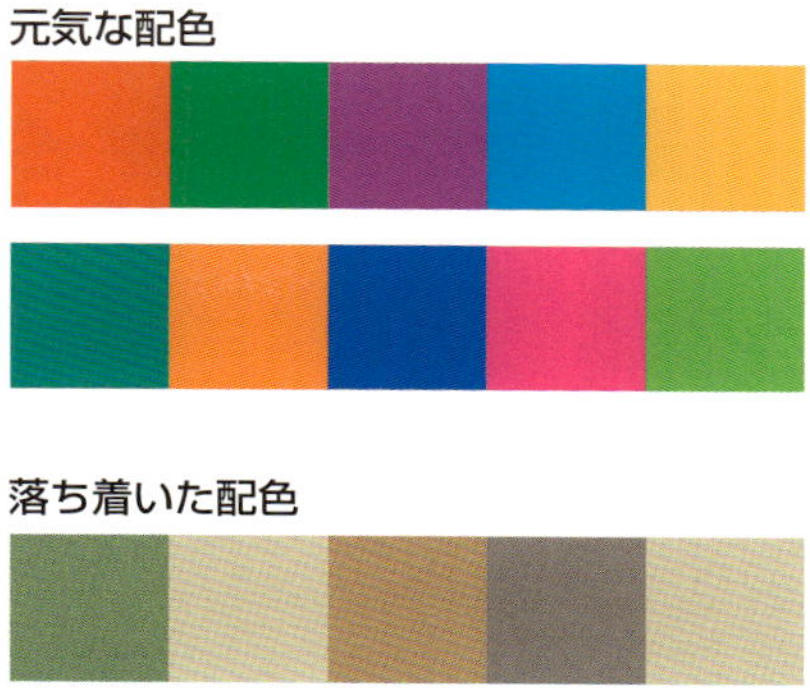

●落ち着いた配色

落ち着いた配色は、トーンに沿って全体をまとめていきます。パステル調などの明るいトーン同士を組み合わせるとやさしいイメージ、シックで大人の雰囲気をつくるにはグレイッシュやダルトーンを。年輩らしい落ち着きを出すには、さらにワントーン落としてダークグレイッシュやダークトーンでまとめ、それよりはワントーン明るい色のアクセントを入れるのがコツです。ファッションなら、たとえば濃紺のスーツ、ブルーグレーのシャツやブラウス、臙脂《えんじ》色のタイとチーフ、スカーフやアクセサリーといった組み合わせが考えられます。

自分の感性だけに頼らずに、ルールにのっとった配色を活用しながら自分の感覚をプラスすることで、自分だけのオリジナルな配色を楽しんでみてはいかがでしょう。

5 今からでも遅くない！ 色彩センスの磨き方

▼「気づきの心」を持つ

●まずは自然に気づくことから

色彩の世界は、多面体のごとくさまざまな顔があり、物理的な側面だけでなく、生理学、心理学、社会学、美術など多方面からのアプローチが可能です。色彩センスを磨くには、まず周囲の色の観察から始めましょう。

とくに勉強になるのは自然のつくり出す色彩です。春は桜をはじめさまざまな色の花や野山の樹木の萌黄色に迎えられ、夏は萌黄が次第に新緑に、そして秋には紅葉と果実の実りの色との競演、冬には落葉樹の木々に雪の花が咲き、千両や南天、寒椿の赤がさえ、雪の白、葉の緑との美しいコントラストに出会えます。素晴らしい色彩環境の中で、私たちは暮らしているのです。この自然が織り成す色彩に気づくことが、色彩のセンスを磨く第一歩です。

次に、先入観や固定概念で自然と向き合わないで、「なぜ？」という疑問を持ってみましょう。たとえば、なぜ真紅のバラは情熱的に見えるのか。同じバラの花なのに白や黄、ピンクと違い、真っ赤なバラには人を引きつける存在感があります。それは、花の赤と葉の緑が補色の関係にあるため、お互いを強め合ってひときわ輝きを増し、人の心を引きつけているのだと考

■周囲の自然が色彩のテキスト……

えられます。

さらに注意して見ると、花の色が違うバラの種は、葉の色も違います。薄く淡い色の花が咲く種の葉は、その花の色が美しく見える黄みの緑をしています。また、〝緑の森〟といっても一色の緑ではありません。樹木の種類によって緑に違いがあり、その違いが森を美しく見せているのです。自然の色に気づくということは、そういった「違い」に気づくことなのです。

私はこれを「気づきの心」といっています。目（視覚）だけではなく、心でも色を見るように心掛けることです。

●色彩のプロを目指すなら

個人で楽しむだけでなく、色彩のプロとして活躍したいのなら、訓練が必要です。たとえば、プロのカラーコーディネーターは、類似の色相で

「可憐な」とか「みずみずしい」といったイメージを表現する配色にはたくさんの法則があることを知っています。算数は加減乗除の法則、数学は方程式がわからないと解けないように、色においても法則を知っておくことは大切です。思い込みにとらわれると、世界が広がっていきません。加えるばかりではなく時には引いたり、分割したり、ルール（方程式）に従い、素直な気持ちで訓練することです。

カラーカードや本を使って学習をしたら、次は実践で訓練します。ファッションスタイリストを目指すならファッションのアイテムで、調理師なら料理で、インテリアコーディネーターならインテリアアイテムで。与えられたイメージを配色のルールに置き換え、実践、訓練をしていくうちに、自己流ではない多方面の要望に応えられる感覚が身につきます。

日頃からできる訓練としてお勧めするのは、デパートのショーウィンドウや雑誌の写真の観察です。パッと見て素敵だと感じたら、立ち止まって色使いを注意深く分析するのです。気に入った配色や上手な配色は、メモをとって記録するとよいでしょう。雑誌なら切り抜いてスクラップもできます。大切なのは、素敵だと感じたら、そこで終わりにしないことです。

最後に、世相の動き（背景）や流行色などの情報に敏感であることです。天才的なセンスの持ち主でも、やはり日々の訓練で自己流から脱皮しなければ、活躍するのは難しい世界です。自分の感覚だけに頼らず、常に社会の動きにアンテナを張りめぐらせているプロは、輝き続けられるのです。

Part 3

ファッションこそ色の出番

「似合う色」ってどういうこと？

▼肌の色と服の色

日常生活で、色を最も意識するのはファッションにおいてではないでしょうか。とくに女性は、毎朝その日に着る服を選ぶ時、色の組み合わせがおかしくないか、自分に似合う色かどうかに気を使うでしょう。まず最初に、人の肌と色の関係についてお話しします。

素敵な服でも、「自分には似合わないから…」と敬遠してしまうことがあります。デザインが合わないという場合もありますが、色で避けてしまうことも多いと思います。確かに人には、似合う色、似合わない色というのがあります。しかし、何が似合う、似合わないを決めているのでしょうか。

一番の要因は肌の色です。似合う色というのは、その人のもって生まれた肌の色をより健康的に若々しく、いきいきと輝かせてくれる色です。反対に似合わない色は、顔色をくすませ、黄ばんで見せたり、暗く見せたり、青白く不健康に感じさせてしまいます。似合わない色の服だと実際の年齢よりずっと老けて見え、本人の気づかないうちに、相手にマイナスの印象を与えてしまうことさえあります。

日本人は一見、皆同じような肌の色、目の色、髪の色をしているように見えます。しかし、よく見ると一人一人微妙に違います。自分に似合う色を知るには、まずこの違いに気づくことからはじめましょう。鏡を見て下さい。あなたの肌の色は、大きく分けてイエロー系でしょうか、ブルー系でしょうか。次ページの図を見ながら、自分の肌の色がどのグループか探してみてください。

皇太子妃雅子さまは、イエロー系の清色の肌色で、ビビッドなグリーンや赤を召されると知的でいきいきと輝いて見えます。一方、紀子さまはブルー系の肌色で、淡いピンクやブルーを召されるとやさしさがにじみ出て見えます。お二人のプリンセスは、ご自身に似合う色を見つけられて美しく個性を表現しておられます。

■図1〈肌色トーンと似合う色〉

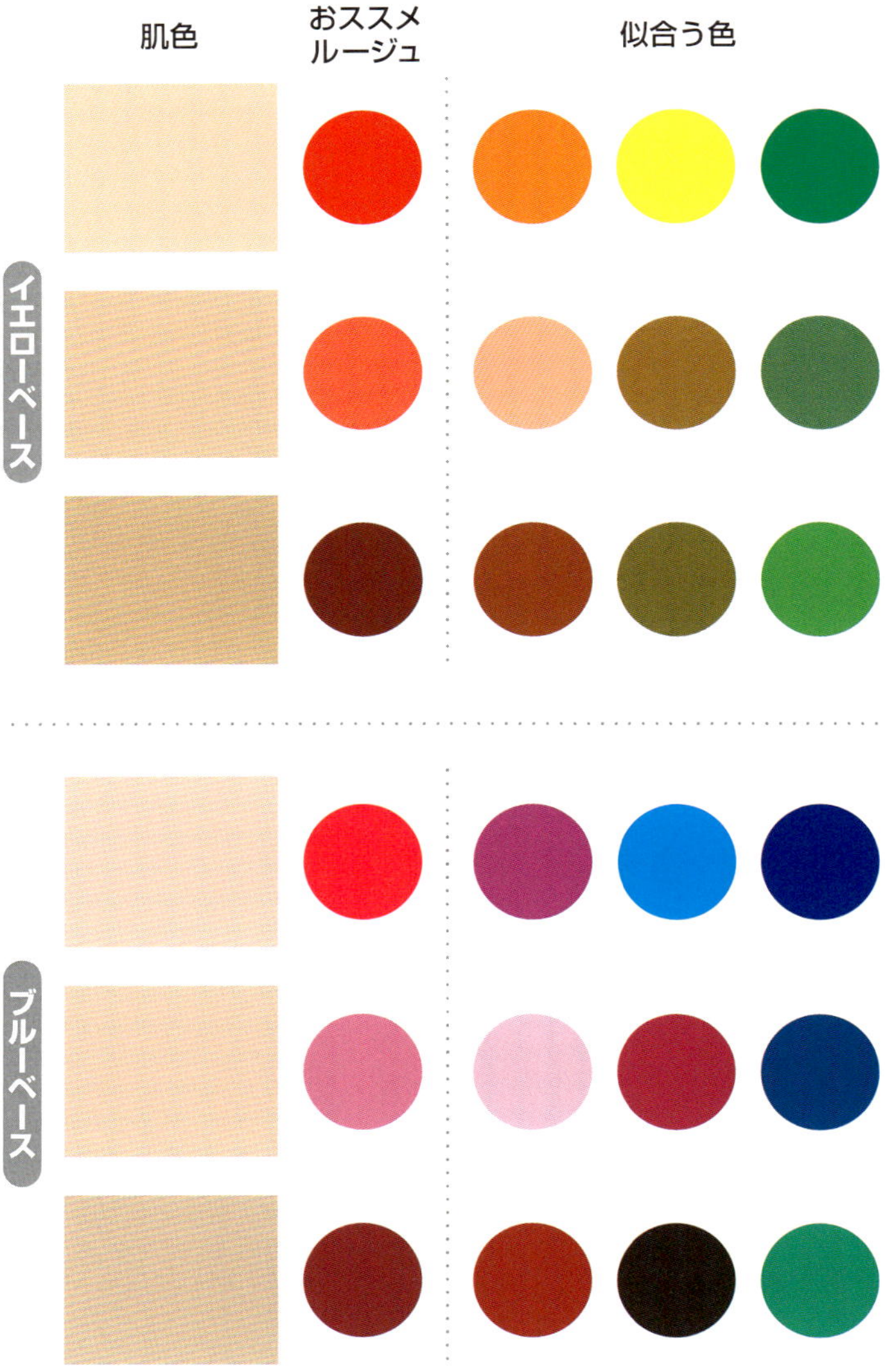

好きな色を上手に着こなすには

▼配色の分量バランス

自分を若々しく、美しく見せる「似合う色」を知ってはいるけれど、やっぱり「自分の好きな色を着ると落ち着く」とか「流行色は無視できない」という人が多いのではないでしょうか。そこで、好きな色をベースカラーとした色の組み合わせ例を、いくつか紹介していくことにします。

■図2〈ファッションの基本バランス〉

色の説明に入る前に、色を組み合わせた時に効果的に見える分量のバランスを示しておきます。

・ベースカラー70％（スーツ、ワンピース）
・サブカラー25％（カッターシャツ、ブラウス）、
・アクセントカラー5％（ネクタイ、ポケットチーフ、スカーフ）

この割合は、ファッションだけでなくインテリアその他などでも基本となるものですから、覚えておくといいと思います。

■図3〈紺色ベースのコーディネート例〉

●紺色が好き……誠実さと知的度をUP

ベーシックな紺のスーツは、男女を問わず一着は欲しいものですね。組み合わせる色でどんなケースにも使えます。

ベーシックな紺色に同系の淡いブルーのシャツ、ビビッドな濃いピンクのタイやスカーフをアクセントにすると、軽快でさわやかなイメージ。白いシャツに換えると紺色とのコントラストが増し、相手に強いインパクトを与えるので、自分を売り込みたい時は有効です。

洗練された感じにするなら、濃紺のスーツに薄いグレーのインナー、アクセントにワインレッドでシックに。もうひとひねりほしい人はアクセントに紺色の補色である黄色を。鮮やかな黄だとスポーティカジュアルになりますので、トーンを落としてキャメルやオリーブがよいでしょう。

■図4〈無彩色ベースのコーディネート例〉

●白、黒、グレーが好き……喪服美人???

黒と白、両極の色の組み合わせは、分量によって、人を美しく見せてくれます。

喪服の女性は美しく見えるといいますが、喪服の白と黒のバランスがミソなのです。控えめな化粧の顔を半衿の白が助けてくれ、さらに重く暗い黒に白抜きの家紋がリズムをつけます。黒だけでは、重すぎます。

無彩色はどんな色とも相性がよく、組み合わせるのが簡単です。とくにビビッドカラー(鮮やかで強い色)のアクセントは効果的。

グレーを使うと少し柔らかい感じや大人っぽい雰囲気が出ます。ベースカラーにチャコールグレー、サブカラーにアイボリーや黄、ベージュをアクセントにシックな赤などを使うとよいでしょう。

●ビビッドカラーが好き……明るく、活動的に

好きな色として男性にも女性にも人気ナンバーワンの色がコバルトブルー。マリンブルーとも呼ばれ、白との相性が抜群です。ひとひねりしてアクセントに補色の黄色をプラスすると、さらにキラキラと輝いてきます。

二番目に人気の赤は、白や黒との組み合わせがよく見られますが、これでは面白くありません。ベースの赤より少し明るめのグレーを組み合わせると、赤の華やかさが引き立ちながら上品になります。これは白や黒と組み合わせるより、コントラストが弱くなるからです。アクセントに補色のグリーンをプラスすると、ワンランク上の色使いになります。ダークなグリーンかグレイッシュなグリーンがよいでしょう。

ビビッドな紫は、とても難しい色です。下手をすると使う人が色に負けてしまい、下品になってしまいます。慣れないなら、ベース色でなくアクセントとして使うのがベターです。

黄緑、オレンジ、黄色は、日本人が苦手とする色です。この3色を顔の近くにベース色として使うと、ほとんどの日本人は顔色が悪く見えてしま

■図5〈ビビッドカラーベースのコーディネート例〉

います。顔色に服の色がうつって、黄緑なら肌が青白く、オレンジ→茶褐色に、黄色→青黒く変化してしまうからです。これらの色を着る時には、モノトーンか補色の力を借りましょう。襟元にモノトーンを使うと、顔色との対比現象を押さえられます。また補色であるブルー系の色を同じように使うと、配色を楽しみながら顔色が悪くなるのを防ぐことができます。

●パステルカラーが好き……誰にでも似合う、優しい色

パステルカラーはどんな色とも相性がよく、その上顔色も変化させません。白の分量が多いので対比現象が起きにくいからです。強い色と組み合わせるより、同じトーン同士で組み合わせてやさしさ、上品さを出しましょう。

暖色系のパステルカラーにグレーを組み合わせると、エレガントになります。寒色系のパステルカラーにはパワーがありません。反対の暖色系の色をプラスしてみましょう。ちょっと赤みのブラウンを覗かせると、小粋なおしゃれになります。

■図6〈パステルカラーベースのコーディネート例〉

●茶色が好き……落ち着いた大人の色

茶色は日本人が大好きな色のひとつでもあります。茶系でも黄色やオレンジ系の色と、赤や赤紫系の色に二分されます。前者は黄緑やオレンジ、黄色と同様、日本人の顔色を濁らせてしまいますので、顔の近くには同系色のベージュやアイボリーを。とても上品に仕上がります。女性なら、ピンキッシュピンク（ショッキングピンク）のルージュで色を跳ね返すという裏技もあります。このルージュは、日焼けした茶色の肌にも合います。

後者の赤系のブラウンには、ブルーグレーやライトグレイッシュな色をサブカラーに用いて、アクセントにグレイッシュなブルーやグリーンの補色を添えましょう。

■図7〈茶色ベースのコーディネート例〉

■図8〈ダークカラーベースのコーディネート例〉

●ダークカラーが好き……リッチなイメージ

ダークカラーがリッチなイメージなのは、素材の善し悪しがはっきりわかるため、ごまかしが効かないからです。

ダークな紺色、ブラウン、緑、赤はダンディズムの代表色です。女性が着るとマニッシュなファッションになります。あまりトーン差をつけず、類似色相でベースの色とサブカラーを組み合わせ、アクセントも類似トーンの補色を使いましょう。たとえば、ワインレッドのジャケットとダークなブルーグレーのボトムに、ダークグリーンのアクセントといった組み合わせです。

おしゃれ上手（配色上手）になるには、無彩色や、ベージュやアイボリーなどどんな色とも相性のよいニュートラルな色を随所に活用するのがコツであることがおわかりでしょう。これは、無彩色または無彩色に近い色には「セパレーション効果」といって、色と色を調和させる力があるからです。

●似合わない色の着こなし方

もちろん、「好きな色なのに似合わないから着られない」ということはありません。似合う色を上手に活用すると、似合わない色もセンスよく着こなすことができます。

ポイントは、色の分量の比率やトーンです。似合わない色のスーツでも、インナーやスカーフ、ネクタイなど顔回りのアイテムに似合う色を使ったり、アクセサリーやバッグなど小物で似合う色の分量を増やします。

また、似合わない色なら鮮やかなトーンは避け、薄めのトーン（pトーン＝明るく優しい色、ltgトーン＝明るく渋い色など）にします。とくに、疲れている時は、顔回りに鮮やかな色を置くとクマや肌色のくすみが目立つので気をつけましょう。

このように、ファッションの色選びは肌の色が基本です。また女性の場合、洋服を選ぶ時は強い色の口紅をつけるのは避けましょう。洋服の色が肌の色に合っているのか、口紅の色に合っているのかわからなくなります。また、洋服の色自体がきれいなのか、自分の肌の色に似合ってきれいなのかも見極めにくくなります。

似合う色を探して、今以上に生き生きと見える自分を演出してください。

●色で欠点をカバーする

また、色選びや配色の効果で、体型をカバーして見せることもできます。

たとえば、太っていることを気にしている人は、「黒はやせて見えるから」と黒い服を選びがちですが、これは実は逆効果です。27ページで説明しましたように、色には軽重感があり、黒はすべての色の中で最も重い色です。また相手に威圧感を与える色でもあります。ですから大きな人が黒を着ると、かえって重量感・威圧感が出て、さらに大きく感じさせてしまうのです。

また、存在感のある色の服でも体格が目立ってしまいますから、黒以外の色で、明度・彩度の低い色がよいでしょう。さらに明るい色を上の方に置いてポイントをつくると、腰回りに目が行きにくくなります。

スラっと背を高く見せたいなら、色相グラデーションが効果的です。足もとを暗い色、頭の方を明るい色にし、全身の色をつなぎます。ウエストにアクセントを入れたりすると、セパレーション配色となり、見た目が上下に分断されるので逆効果ですから、気をつけてください。

メイクは色のマジックの見せどころ

▼メイクの色効果

化粧品売場には、驚くほどの数のカラフルな化粧品が並んでいます。そして、それらの商品を真剣な眼差しで多くの女性が吟味しています。それもそのはず、女性はメイク次第で驚くほどキレイに見せることができるからです。そんなメイクの力の大きな部分は「色」にあるといってもいいのではないでしょうか。

●肌色を操作するコントロールカラー

似合う服の色は、顔の肌の色で決まるという話をしました。また、人に会うとまず顔色で健康状態がうかがえるように、顔色は人の見た目においてかなり大きなポイントです。つまり、メイクの基本はまず顔の肌の色ということになります。

色のマジックを使うと、この肌の色を美しく見せるために、赤みを押さえたり、透明感を出したりといったことができます。

ファンデーションは肌の色の土台をつくります。しかし、ファンデーションだけでは肌色が一面的になってしまいますから、コントロールカラーやアイカラー、口紅など他の化粧品で表

■図9〈コントロールカラーで気になるところをカバー〉

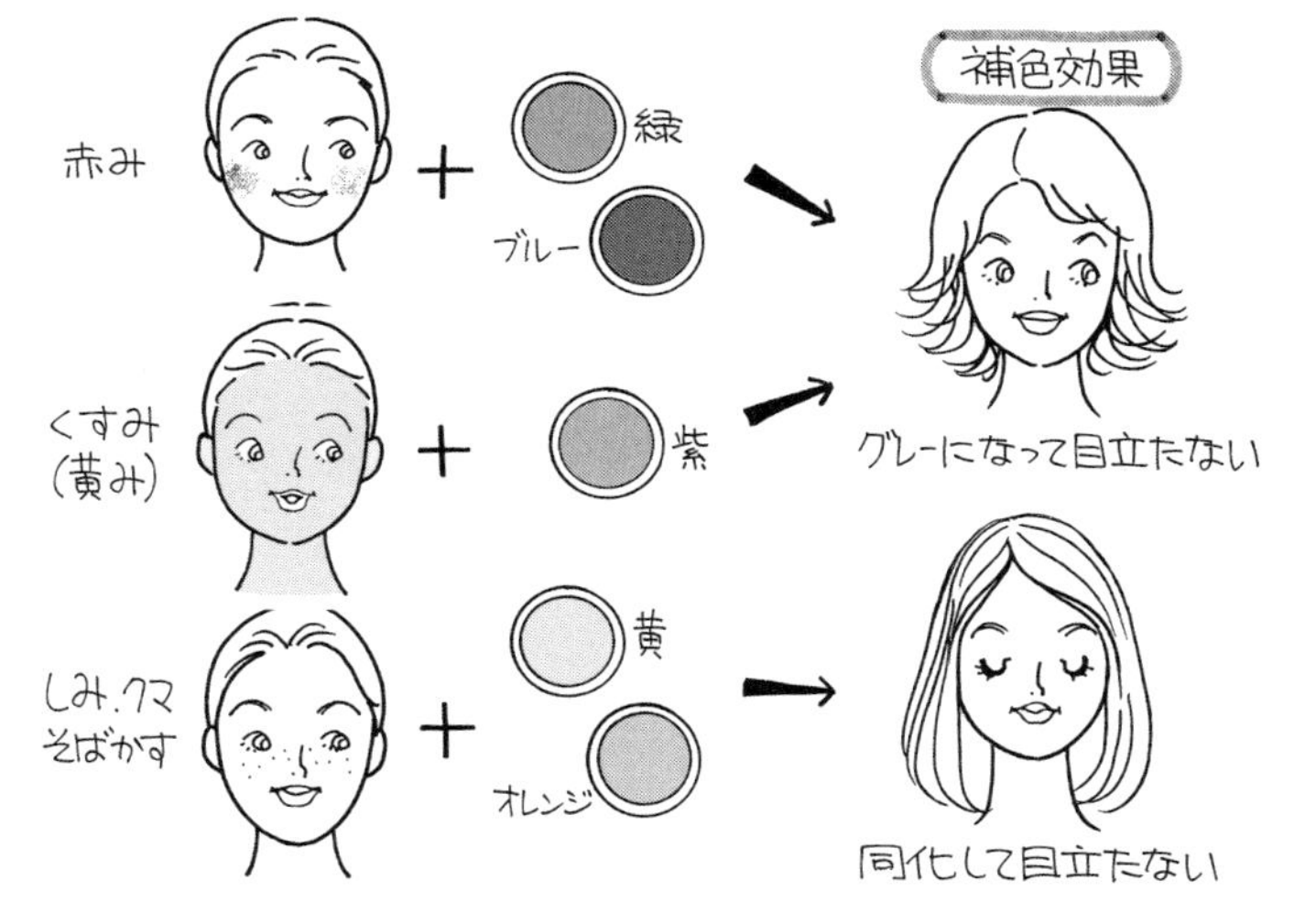

情をつけていきます。

コントロールカラーには、緑や紫など「えっ、こんな色を顔に塗るの？」と思ってしまうような色があります。これは、「補色同士を混色するとグレーになる」という原理を応用するためです。顔の中で突出した気になる色も、グレーにしてしまえば目立たなくなります。

りんごのような赤い頬が気になる場合は、赤の補色の緑のコントロールカラーで押さえることができます。しかし、緑は「死にメイク」といい、使いすぎると赤みを取りすぎて死人のような顔色になってしまいますので、顔全体の赤みをとりたい場合は、近似補色（補色に近い色）のブルーのコントロールカラーを顔全体に使います。また、パープルを顔全体に薄く塗ると透明感が出てきます。これは近似補色の黄みが押さえられるからです。

補色ではなく、同系色でカバーできるものもあります。オレンジやイエローのコントロールカラーは、肌に似た色を重ねることで、しみやクマを目立たなくすることができます。

●アイメイクの色効果

顔の中で最も印象的なのは目です。目の周りの色使いで、ずいぶん表情が変わります。目をくっきり見せたいのなら、やはり黒が効果的です。黒のアイラインやマスカラを使うと、白目との明度対比が起き、白目がより白く見え、目元がすっきりと大きく見えるからです。マスカラは、潤んだ目元に仕上げるにはブルーを、優しい目元にするにはブラウンや茶系が効果的です。

●唇の色

何もつけていなくても、唇は赤いものです。私たちはもう慣れてしまってあまり意識していませんが、顔の中で「赤い部分」というのは本来かなり目立ったものであるはずです。唇をファンデーションで塗りつぶしてしまうと、自分の顔の印象が驚くほど変わってしまって、びっくりされるでしょう。

赤は血の色、生命の色ですから、赤が鮮やかであればあるほど、いきいきとした印象に、逆に赤い色を抑えれば抑えるほど、無機質で生命感のない印象になっていきます。

服と同様、口紅の色も肌の色に合わせて選ぶと、色の効果を享受できます。イエローベースの肌の人はオレンジやレッド系がよく映えます。色が黒めな人ほど強い色とバランスがとれるので、ビビッドなレッドが似合います。ブルーベースの肌の人は、オレンジ系よりローズ系やピンク系の口紅が合います。肌に黄味が少ないため、オレンジ系の口紅では調和しにくく浮き上がって見えてしまうのです。一方混じり気のないピンク色の口紅は、白い肌にさらに透明感をもたらしてくれます。

いまや口紅の種類も多種多様で、パールが入っていたり、マット系やグロス系など質感もいろいろなものが出ていますが、肌色と似合う色のだいたいの傾向を知っておけば、選びやすくなるでしょう（48ページ図）。

●カラーリングも自由自在に

最近は、若い人は髪を染めていない人が珍しいくらいです。黒い髪は重く感じるのでしょうか。実際、黒は白の倍の重さを感じる（27ページ参照）のですから当然かもしれません。

髪の色も、洋服と同じように肌の色に合わせて考えると顔色をよく見せる効果があります。イエローベースの肌の人は普通のブラウン系に、ブルーベースの肌の人は赤みのブラウン系に染めると、顔が明るく柔らかい印象になります。

ブラウン系のみだけでなく、意外性のある色に挑戦するのも楽しいものです。私の母が、孫の結婚式に遠方からかけつけてくれた時のおめかしには感心してしまいました。白髪を薄紫色に染めていたのですが、それがふくれ織りの紺色のスーツに映え、顔色がうっすらとピンク色に輝き、色白の肌にみずみずしさが加わってとても美しく見えました。86歳の老人の肌にジェラシーさえ感じたほどです。

肌の方は、歳を重ねるとできるシミやくすみを避けられません。方向を転じて髪を明るい色で染め、若々しさを表現して楽しんでみては？

このように、上手なメイクやスタイリングには、色の効果がふんだんに使われているのです。

Part 4

おいしい色ってどんな色?

色で見分ける栄養価

▼食材の色

ファッションのほかに、私たちの日常生活と関わりの深い色といえば、食べ物の色でしょう。「赤いもの」といえばトマトやリンゴやイチゴ、「黄色いもの」といえばレモンやタマゴといった具合に、色からの連想ではまず食べ物が浮かんでくる人は多いのでは？　この章では、色と食べ物の関係について見ていきます。

もちろん、基本になるのは食材の色です。ところで食材の色はジャンルごとに偏っていると感じたことはありませんか？　果物は圧倒的に赤や黄色、葉野菜は緑、根野菜と穀類は白やベージュなど無彩色に近い色、肉と魚は赤系と白系といった具合に大別できます。

さらにこの色での分類を栄養面から見ると、赤や黄の色のついた野菜（緑黄色野菜）や果物にはビタミンやカロチンが豊富に含まれています。無彩色に近い根野菜や穀類は炭水化物、赤系の魚肉類は高カロリーの動物性蛋白質、無彩色の魚肉類は低カロリーの蛋白質、無彩色でも黒系の昆布やワカメなどはカルシウムやミネラルが豊富です。

つまり、食材の色分けは、そのまま栄養価の分類につながっているのです。ということは、食べる物の色を白、黒、赤、黄、緑のバランスよくとることで、だいたい栄養のバランスもとれるということになります。献立を考えるときは、細かい栄養素のことがわからなくても、色を揃えるようにすると見た目も美しく、自然と栄養バランスもよい食事になるでしょう。

食欲を刺激する色、しない色？

▼色と食欲

あまり食欲がないときでも、きれいに盛りつけられた食卓を見るとつい手が出てしまいます。また、真っ赤に熟れたトマトはいかにもおいしそうです。逆に、まだ緑色の実は、固くて苦そうだと感じます。私たちはしばしば、色によって食欲を左右されます。すると色は食べ物の顔であり、味であるといってもいいくらいです。

では、食欲をそそる色とはどんな色でしょう。図1を見てください。食品の色と食欲との関係で、一番食欲をそそる色は赤から橙色の範囲です。黄と橙色の間には谷があり、黄色でまた山になり、黄緑は非常に低く、食べ物の色としては人気がありません。寒色の緑、青になると高くなり、紫になるとまた低くなります。このように、食欲を刺激する色の順番は赤色～橙色、もも色、黄褐色、褐色、バター色、薄緑、明るい緑の順になり

■図1〈食品の色と食欲の関係〉

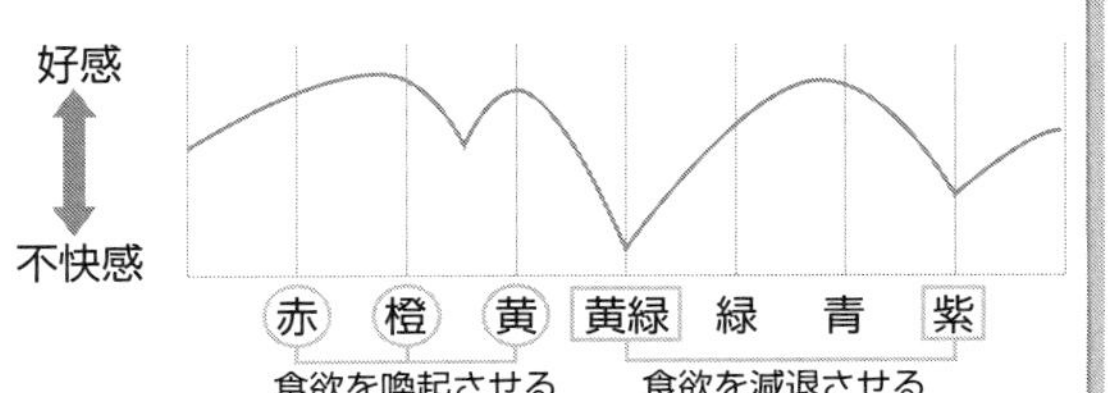

Birren; F: Color&Human Appetite, Food Technol, 17. 553. 1963

■図2〈食品の色とイメージ（日本調査)〉

色	印　象
白	滋養がある、さっぱりした、清潔な、柔らかい、涼しい
灰色	まずい、不潔な
もも色	甘い、柔らかな
赤	甘い、滋養がある、毒々しい、新鮮な
赤紫	毒々しい
濃い赤紫（えび茶）	甘い、暖かい、こってりした
暗い茶色	まずい、固い、暖かい、こってりした
みかん色	甘い、滋養がある、毒々しい、おいしい
にぶいみかん色	古くなった、固い、暖かい
クリーム色	甘い、滋養がある、さっぱりした、おいしい、柔らかな
黄	滋養がある、おいしい
にぶい黄	古くなった
暗い黄	古くなった、まずい
ごく薄い黄緑	さっぱりした、涼しい
黄緑	さっぱりした、新鮮な
暗い黄緑	不潔な
ごく薄い緑	さっぱりした
緑	新鮮な
ごく薄い青緑	涼しい
水色	涼しい

ます。逆に不快な色は、赤紫、紫、すみれ色、黄緑、緑がかった黄色、みかん色がかった黄色、灰色、オリーブ色などです。焼き肉屋の生肉の赤、エスニック料理の唐辛子の赤などが食欲をかき立てているというのは納得できますね。これを利用し、ファーストフード店などは、看板やマークに赤い色を使うところが多いのです。

しかし、食べ物の色と食欲に関しては、個人差や時代により多少の変化があり、米、うどんなどを主食とする日本人には白が好まれるといった特性も見られます。生理学や心理学にも影響しますし、人種やお国柄、育った環境でも差異は感じられ複雑です。

アメリカで子供時代を過ごした知人は、ショッキングピンクや蛍光イエローなどの人工的な鮮やかな色を見ると、「美味しそう」だと思うそうです。アメリカの駄菓子にはこのような派手な彩色がされていたからではないかと思います。日本の子供も、そのうちそのような感覚になるかもしれませんね。

おいしく見せる盛りつけのコツ

▼会席料理に学ぶ色彩

おいしそうな盛りつけは、それだけで食欲を呼び起こします。では、おいしそうに盛りつけるコツはどんなことでしょうか。

一つには、日本料理の特徴である季節感の演出です。

旬の料理は食材そのものが季節感を持ちますが、季節で変わらない料理も、器や盛りつけで季節感を演出することができます。ある料理屋では、同じ親子丼でも冬は赤絵の器に盛り、夏はブルー系の染付けの器に替え、付け合わせの小皿には冬には白菜の白と沢庵の黄、夏には青いきゅうりや紫の茄子というように、季節感を出す工夫をしています。

二つ目には、目においしく見える「赤、黄、緑」の三色を、食卓の上にバランスよく配置することです。対抗する色を配置することで、赤が緑を、緑が黄色をなど、お互いがお互いの色を引き立てる役目をし、料理の色彩に張りが出てくるのです。幕の内弁当にも必ず、赤（トマト、チェリー、紅生姜）、黄（卵焼き）、緑（パセリ、ばらん）が入っており、私達の目を引きつけます。

四角い膳に小皿料理が並べられる会席料理では、和の盛りつけの美しさが存分に楽しめます

（最近では懐石の字をあてることが多いようですが、正確には「懐石料理」の方は、茶道を確立した千利休がお茶を楽しむために作った料理のことで、一汁三菜を基本としたものです）。

会席料理は「季節感の表現」をことさら重視します。たとえば腕盛りには季節の緑を添えることが約束になっていますが、同じ緑でも一年中木の芽（山椒の葉）を使うのではなく、五月には細いインゲンや出初めのアスパラをあしらうなど、季節感を感覚に訴える食材を選んであります。

会席料理の盛りつけ（口絵にカラー写真）

また、会席料理では、料理を単色では出しません。必ず別の色を添えて盛りつけます。焼き物で出される焼き魚には、あしらいという、カブ、レンコンなどの白色の酢の物、そら豆、枝豆の塩茹での緑、酢どり生姜のピンク色、金柑の黄色い砂糖煮など、季節のもので色を添えて盛りつけます。煮物やお造りなども、味噌や薬味で色を足したり、食べられない花をあしらって補うこともあります。

器の色も考慮します。これは中国の陰陽思想の影響もあるのですが、明るい色の料理は暗い色の器に、暗い料理は明るい器に盛ります。

そして、少しずつの色がきらめいて、千代紙のような美しさが醸し出されるのです。

器も食事の色のひとつ

▼和食器と洋食器の色

食べ物の色といえば、食材の色ばかりでなく、器にも色があります。日本料理では多くの料理を1種ずつ小皿に盛るため、器の種類が豊富かつ、季節感が豊かです。洋食器と比較しながら見てみましょう。

●洋食器……形も色も素材もシンプル

〝スープ皿〟というようにスープさえ皿に盛る洋食料理は、平たく浅い磁器のお皿が主で、素材も形も種類のバリエーションはさほどありません。また、洋食の特徴はソースです。ソースを美味しく美しく見せるために、お皿の色は白が基調です。器に色がない代わりに、テーブルクロスにさまざまな色が取り入れられています。

また、白いお皿には、美しく絵を描く「絵付け」の技術が発達しました。しかし料理の色の邪魔をしないよう、多くはお皿の縁やコーヒー椀などに施されているか、食器としてではなく観賞用として部屋に飾られています。

■図3〈季節の料理と食器の調和〉

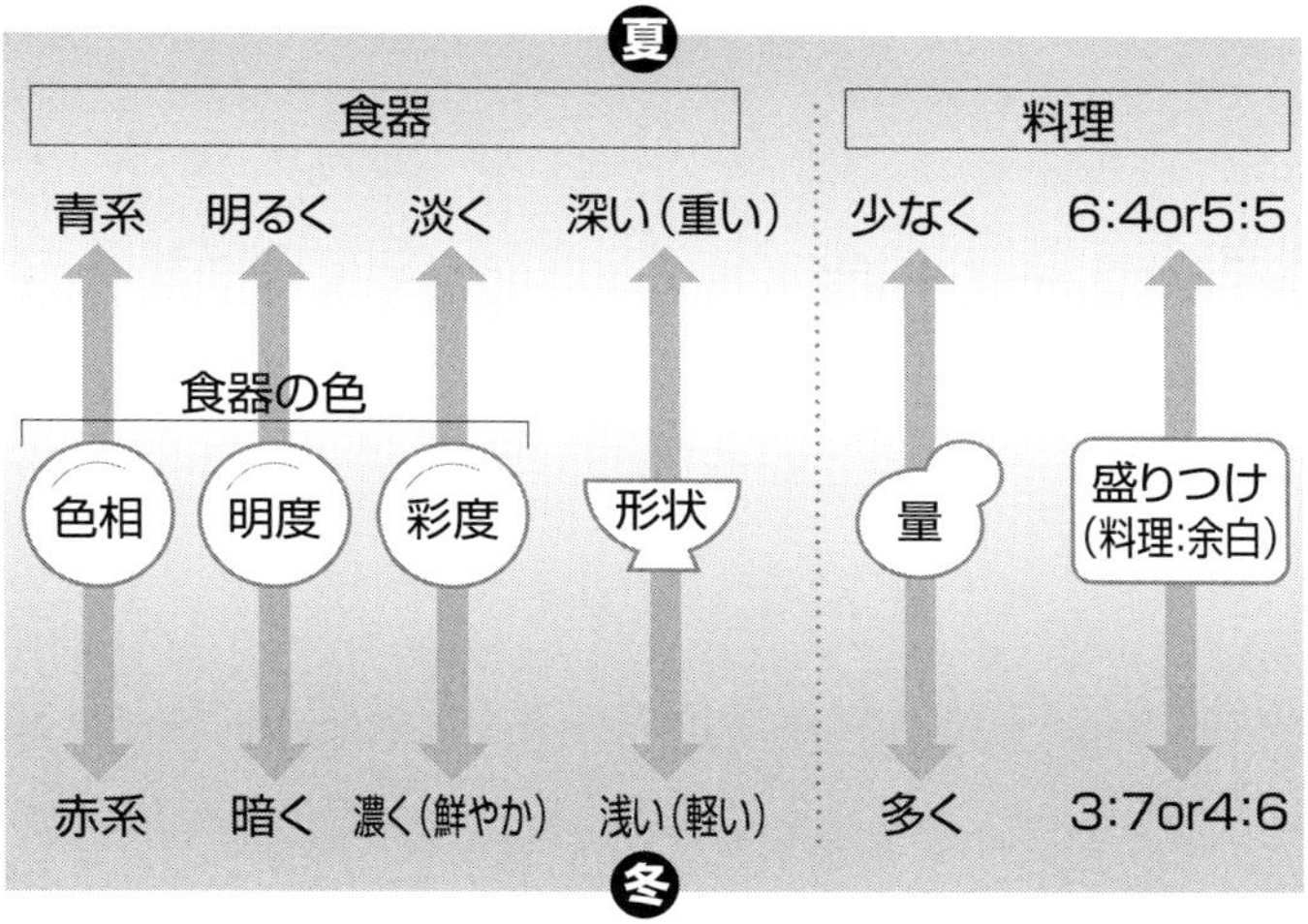

●和食器……形も色も素材も豊富

陶器、磁器、ガラス、金、銀などのほか、竹、漆器、紙、笹や椿などの植物の葉、アワビやホタテの殻を小皿に使ったりと、日本料理で使う器の種類は数知れないほどです。それぞれの素材には素材の持つ色があります。

また、陶磁器にしてもその中で白磁、青磁、染付、色絵、志野、織部、唐津、備前、信楽、萩等々たくさんの種類があり、色は作り手によってもさまざまです。形も平面、立体、足付き、蓋付き、大皿から小皿まであります。この食器の種類の多さは、日本料理の特徴のひとつといえるでしょう。

また洋食のテーブルに対して、和食には膳があります。膳では、朱塗りや黒塗りの色が加わります。器の色が食材の色を活かし、膳が器の色を引き立てます。

5 この色だけは食べたくない!?

▼食卓にタブーの色

「ダイエットするなら青い食器を使うと効果的」といっていた情報誌がありました。青い食器は興奮神経を鎮めて食欲を抑制するからということでした。確かに、青い食器は食欲を失わせます。青の補色であるオレンジ色の残像が、食品の色を濁らせて、不味そうに見せてしまうのでしょう。

しかし、残像のせいとばかりいえない心理的な理由もあるようです。以前入ったある和食のお店では、鮮やかなターコイズブルーのお箸を用意してくださったのですが、いざご飯を食べようとすると、どうしてもそのお箸を口に入れるのには抵抗があるのです。興味深く思って、帰ってから色々な青を試してみたのですが、同じブルーでも、赤味のあるブルーならばそれほど抵抗感もないようです。皆さんも同様に感じるのではないでしょうか。恐らく、ビビッドな青は、食材に滅多にない色だからではないかと思います。

逆に食品を美しく見せる最も効果的な色は、黒です。黒には囲んだ色を鮮やかに見せる「額縁効果」があり、料理を美味しそうに見せてくれます。漆をイメージするからか、高級感も伴います。

また、ダイエット効果と逆の話で、66ページの図のように、赤やオレンジの食器は食欲を増進させます。食器や、お弁当箱を選ぶ時には、このことを心にとめておくとよいでしょう。食の細い子どもには赤いお弁当箱を選んであげられますし、青い食器のせいで「不味そう」と思われては心外ですから。

食材、食器の次に考えたいのは、テーブルコーディネートです。料理の色、器の色と、テーブルクロスの色の調和を考えたことがあるでしょうか。

本来料理が主人公のはずの食卓が、いつのまにかクロスの色が主人公になっているかもしれません。クロスはあくまで料理を引き立てるための脇役です。ということは、色みのはっきりした強い色のクロスは避ける方が無難でしょう。また、食欲を減退させる鮮やかな黄緑や紫といった色は、広い面積のクロスの色としては向きません。

基本的に柄入りやカラーのクロスはカジュアルなもの。フォーマルな席では白が適切です。

配色レッスンソフト

私の色彩研究所では、一般の方が配色やカラーコーディネートを学ぶ講座を開いています。そこで教えるうちに、短い時間で苦手な色を克服する指導をどうしたらよいのか悩むようになり、それが配色ソフトを創るきっかけとなりました。

はじめはどこかにそのようなソフトがあるだろうと思い探してもらいましたが、なかなかイメージ通りのソフトは見つかりません。「ないのなら創ろう」と軽い気持ちで製作を始めましたが、思った以上にたいへんで、最初のソフトは完成まで 2 年かかりました。しかしこのソフトは私の予想以上の効果を示し、生徒さんの上達は見違えるほど早くなって、指導しながらわくわくするほどでした。

教室では、基礎の 3 カ月間は全員、絵の具のみを使います。三原色（赤、青、黄）と白、黒ですべての色を作ってするレッスンには大変なエネルギーがいります。それが終わり、配色の授業に進んだ段階で、絵の具とコンピューターを交互に使います。すると、画面上では一瞬のうちに色を塗り換えることができるので気持ちが軽くなり、抵抗が少なくなります。その時苦手な色も使用するように指導すると素直に受け入れられ、いつのまにかどんな色でも使いこなせるようになるから不思議です。絵の具とコンピュータを併用すると、アナログとデジタルの違いも無理なく理解できるわけです。

やはり色彩感覚を磨くには、環境と訓練（ルールにならって）が大切です。生徒さんの作品を見るのがとても楽しみな日々です。

パソコンソフト「配色レッスン」（for Windows）
定価 38,000円（税別）
ご興味のある方にはパイロット版を差し上げます。
ソフトに関してのお問い合わせはクロマ色彩研究所まで
TEL 082-244-6778　FAX 082-249-3075
URL http://www.urban.ne.jp/home/chroma/
e-mail chroma@urban.ne.jp

Part 5

暮らしの中で活きる色

なぜか疲れるショールームの謎

▼重い色、軽い色

普段は特別に意識していなくても、生活の場やオフィスや店の中で、色によって気持ちが左右されていることはないでしょうか。ひとつの色でも無言で人の心を動かす〝力〟があり、さらに色の組み合わせ、使う量、あるいは流行や個人の好みによっても大きく変わってきます。

インテリアの色は、知らず知らずのうちに中にいる人に大きな影響を与えていることがあります。単に個人の好みの問題ではなく、いる人全員が〝心地よい〟と思える配色にすることが大切です。具体例を挙げながら、見ていくことにします。

以前、あるショールームでセミナーを行なったときのことです。セミナーの後、スタッフの若い女性が「このショールームで働くようになってから、非常に疲れるようになったんです。どうしてでしょうか」とおっしゃいました。愚痴ともいえない、真剣な顔です。「そうですねぇ…」と首をかしげ、反射的に天井を見上げる格好になりました。すると、その答えがすぐにわかりました。

ショールームの天井は、高さは3メートル位と十分にあり何も問題はなかったのですが、そ

■東京・ヴィナスフォートの天井（青空のスクリーン）

の色に問題があったのです。美しいカーテンの見本や明るい色のインテリアグッズが並ぶその上に、真っ黒な天井が覆いかぶさっていて、それが彼女に悪戯をしたわけです。

色には重さがあります。黒は白の1・87倍（約2倍！）も重く感じられ、場合によって人に威圧感を与えることになります。このケースでは、黒の持つマイナスイメージが出てしまいました。黒い天井の下で一日中働く彼女は、いわば重い石の下の漬物と同じ状態にいたわけです。疲れるはずですね。

天井は高ければ高いほど人をおおらかにし、大きな希望や夢を育むといわれています。ですから、天井をなるべく高く見せるためには、白に近い色ほど効果的といえます。

天井を工夫して夢心地の空間をつくっている好例が、東京お台場のショッピングセンター、ヴィナスフォートです。ラスベガスのアーケードの仕掛けを取り入れたといわれ、天井がスクリーンになっています。日中は白い雲の浮かぶ青空の景色が映し出されていますが、時間とともに、夕景や夜空になったりします。これは、色の効果だけでなく、〝空は高い〟という、誰もが持つ開放的な心理を引き出した効果的な例といえるでしょう。

部屋を広く見せるには?

▼白い壁のワナ

インテリアコーディネートの相談を受けていると、部屋を広く見せることと、明るく見せることを混同している人が非常に多いことにしばしば気づかされます。しかし、同じ広さの白っぽい洋室と和室を比較してみてください。明るさでは洋室の方が勝っていても、きっと誰もが和室の方を広く感じると思います。これは、洋室の壁の白が、膨張色だからです

白い部屋に白い家具の部屋は西洋的で憧れのイメージがありますが、壁に白や暖色系の膨張色または進出色を使うと、壁が手前に迫ってくる感じがして、部屋が狭く感じます。膨張度は明度に左右されます。和室の壁面（唐紙や障子も含む）は明度が7くらいです。白っぽく仕上げる洋室の明度は8～9くらいです。明るいほど、反射率も多く、膨張感も増します。また、彩度も高いほど膨張して見え、青や紫など寒色系の色でも鮮やかな色であれば、暖色ほどではないものの同じ効果があります。

後の項でも触れますが、和室は落ち着くばかりでなく、広く見え、理想的な明度に収まっているのがよくわかります。洋室の場合はカーテンの色や素材に気をつけないとさらに狭く感じます。ビビッドな色や大きな図柄は避け、壁面と同じトーンにしアクセントが入っているぐら

いがよいでしょう。

マンションなど開口部の少ない部屋のインテリアはなおさら、白に近いほど圧迫感を覚えます。マンションインテリアの色彩計画の時、いつもこの問題にぶつかります。新しさや明るいイメージを出したいためか、注文者や相談者は必ずといってよいくらい、白に近い色を希望されます。しかし実は広く見えませんし、光を多く反射するために目に突き刺さるような感じがあり、落ち着かないので疲れの原因になる色でもあるのです。

というわけで、明るく、かつ部屋を広く見せるには、ベージュ、アイボリー、オフホワイトなどの淡く、明るい色を基調にしたインテリアが効果的です。また、これらの色はまわりと調和しやすいという性質もあります。身近な例をひいてみますと、ピュアな真白いスーツを着た人は遠くからでも、人込みの中でも目立ちますが、オフホワイトのスーツを着た人はそれほど目立ちません。まわりに溶け込んでしまうからです。壁の色と家具その他の調度品がうまくなじみ、落ち着いた雰囲気を醸し出すにも、やはり、少し色が入った明度7前後の明るさにするとよいのです。

逆に、緑や青、茶色などの明度・彩度の低い色を壁に使うと、明るくはありませんが落ち着いた感じになり、部屋に奥行きが出て見えます。

ビビッドカラーの洪水が喜ばれる部屋

▼興奮する色、リラックスする色

目の覚めるようなショッキングピンクとビビッドなオレンジ、それに反対色の黄緑、ブルー、濃い鮮やかな紫を組み合わせ、さらに床も壁も鋭角的な三角をモチーフに装飾された空間……、想像してみてください。色がけんかし合い、落ち着くどころか煽り立てられるような部屋なんて、いったいどこにあるのでしょうか？　しかも、注文主はこんなインテリアに満足しているのです。

それは、「興奮」、「躍動」、「情熱」といった形容詞がぴったりの場所、「ゲームセンター」です。納得できましたか？

色には、人に緊張を感じさせる色と気分を落ち着かせる色があります。このゲームセンターのような鮮やかな色同士や反対色の組み合わせは、刺激的で、興奮を呼び起こします。普段の生活にはない色と組み合わせで、非日常的な面白さを味わってもらおうという意図でしょう。

一方、人をリラックスさせるインテリアの色とはどんなものでしょう。

そのお手本のひとつは、和室にあります。椅子とテーブルの生活習慣が日常的になってしまった今日では、伝統的な和室を住空間に取り入れることが少なくなってしまいました。しかし、

「和風」というテイストとして、和室の伝統の色使いが引き継がれているようです。

和室の色というのは、自然の素材を活かしているために無理がなく、とてもやさしい色の組み合わせになっています。畳の色、聚楽壁の黄ベージュ色、天井の杉板、障子の白は光を通して穏やかな白に変化します……どの色をとっても、私達を文句なくリラックスさせる色ばかりです。人工的な色ではなく、素材の持つ色がさらにリラックス度を高めてくれます。

そこで、洋室のインテリアを考えるときも、和室の色使いを頭に浮かべながら、興奮色の赤をピンクに、紫をすみれ色に、橙をサーモンピンクに、黄色をベージュにと淡くパステル調に変化させると、リラックスできる空間になるでしょう。

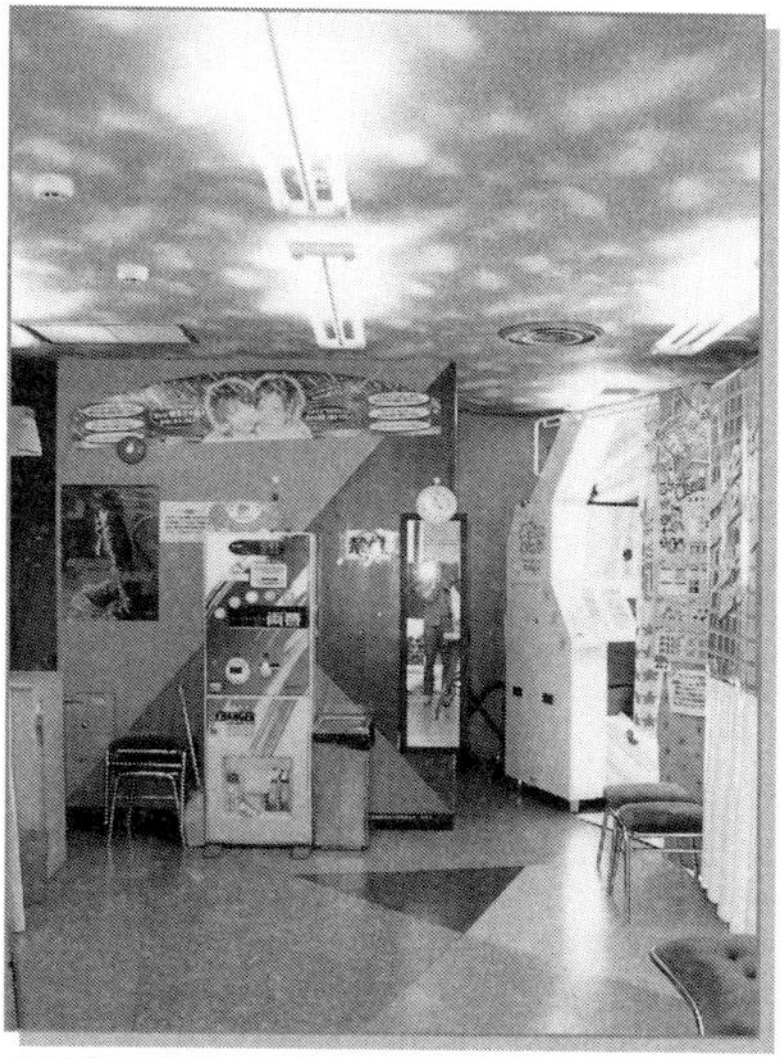

■ゲームセンター

■和室

肌の色がインテリアの目安になる

▼色と反射率

インテリア空間は〝人〟を中心に色彩計画をするのが一番です。このことには誰も異存はないと思いますが、では、〝自分の肌の色〟がインテリアの色を決めるのに大いに関係があるといったら驚かれるのではないでしょうか。

前項でお話しした和室の色をここでもう一度思い浮かべて下さい。私たちの肌の色に近く、明るさも似ていることに気づくでしょう。

明るさが似ているというのは、色の反射率を調べるとわかります。左の表を見てください。日本人の肌の色は反射率50%です。そして、畳は40%、檜や杉の木肌の色は50～53%、洋室の明るいベージュやオフホワイトの壁は70～80%となっています。

和室では、肌色を中心に、私達の目の位置より低い床（畳）は肌色よりも暗く、目の位置の壁は同じかまたは明るく、そして目の位置より高い天井はさらに明るくなっているわけです。このように、〝肌の色〟を、色の明るさを決める時の〝ものさし（基準）〟として活用してみるとよいでしょう。

■図１〈建材と反射率〉

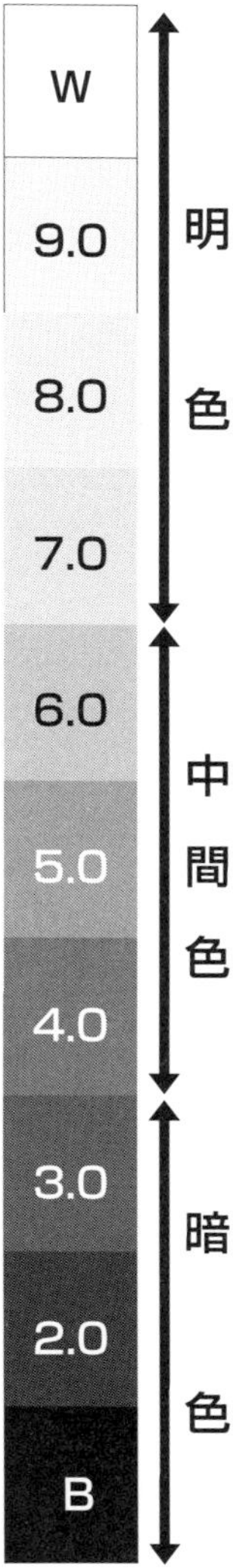

明度	反射率（%）
9.5（白）	90.01
9	78.66
8.5	68.40
8	59.10
7.5	50.68
7	43.06
6.5	36.20
6	30.05
5.5	24.58
5	19.77
4.5	15.57
4	12.00
3.5	9.003
3	6.555
2.5	4.614
2	3.126
1.5	2.021
1（黒）	1.210

▶洋室の白壁（70～80%）
▶しっくい（白）（70%）
▶化粧壁（55～60%）
コンクリート（55%）
檜、杉（50～53%）
▶日本人の肌
▶レンガ（淡い褐色）（45%）
▶畳（40%）
レンガ（濃い褐色）（40%）
▶セメント（27%）
▶マホガニ（13%）
▶土、アスファルト（7%）

快適なバス＆トイレの色は？

▼清潔感と色の寒暖

１９８０年代後半のバブル絶頂期の頃でしょうか、高価そうなイメージがウケたのか、電化製品から水廻り用品（キッチン、洗面、トイレ、風呂）まで、紺や臙脂《えんじ》色などのダークな色調が流行しました。しかし水廻り用品や、電化製品でも冷蔵庫などには「清潔さ」というイメージが必要です。はたして紺の洗面やトイレでそのイメージが伝わるのか、あるいは臙脂色の冷蔵庫で、「冷えている」イメージが伝わるのだろうかと心配したものです。

ちょうどその頃東京に出張することがあり、仕事の後に友人宅を訪れました。当時新しい家に引っ越しをしたばかりの友人です。新居はどんなインテリアにしたのかしら…？　あれこれ勝手にイメージを膨らませ、ワクワクしながらドアをくぐりました。通されてすぐ、「疲れたでしょう、汗を流して」とバスルームに案内されました。有り難くお風呂をいただくことにし、バスタブに足を入れようとしましたが、「！」、思わずそこでつま先がとまってしまいました。

臙脂色のバスタブにグリーン系の入浴剤の色が重なり、張られたお湯がまるで〝どぶ水〟に見えてしまったのです。慣れてしまえば気にならないのでしょうが……。せっかく用意してもらったお風呂でしたが、さっぱりリラックスできませんでした。

暗く、濃い色は、清潔とはほど遠い色のようです。ほかにも、出先で入ったトイレの便座がやはりこの種の色で、一瞬座るのをためらってしまった、などという体験はないでしょうか。自分で掃除をしたと確認できる家のトイレならともかく、外のトイレが黒の便座だったら、用をたさないでそのまま出て行きたい衝動に駆られます。

暗く濃い色は、色から感じるイメージと、汚れが見えないという不安とが重なって、より強い不潔感を与えてしまうのでしょう。薄くて白に近い色ほど、また暖色よりも寒色の方が、見た目が清潔に感じられます。

しかしトイレやバスタブには「清潔さ」と同時に「暖かさ」も大切な要素です。白や寒色系の色を多く使うと寒々とした印象を受け、とくに冬は耐えられません。真白い便座などは座る前から冷たさが伝わってくるでしょう。

その両方の要素を取り入れるには、淡くやさしいピンクやアイボリーが合います。人間は色から温度を感じとることがあり、当然、寒色系や白より暖色系のほうが温度を高く感じます。公共のお手洗いでも、水色の男性用よりピンクの女性用の方が、温度が高いような気がしませんか？　トイレで読書をしたり、小1時間もお湯につかっていたりと、バスやトイレをリラックス空間として使用している人も案外多いようです。色を変えたら、より長居したくなる空間になるかもしれません。

6

つい遊んでしまう学習塾の原因

▼勉強がはかどる色

ある学習塾の先生に悩みを相談されました。

「子供たちが甘えているのか、塾に来ると絨毯の上をコロコロ寝転がって遊んでしまい、勉強がはかどらない」とのこと。よほどアットホームな雰囲気なのかと最初は微笑ましいことのように聞いていたものの、プレイルームではなく学習塾なのですから、そうもいってはいられません。早速、教室を訪ねてみました。

すると、勉強のはかどらないわけがすぐわかりました。原因は教室の内装にあったのです。30〜40坪ほどの広い教室の一面に、やさしいピンク色の絨毯が敷き詰められており、このピンクがクセモノだったわけです。ピンク色にはやわらかいイメージやリラックス効果があり、眠気を誘います。淡いピンク色に包まれたら、大人でもうとうとしてしまうでしょう。

そこでまず、絨毯をブルーグレー（少しブルーがかったグレー）のものに替えました。また、教室は賃貸なため壁の張り替えはできませんでしたので、白い壁には、子供たちの目線の高さのあたりにグリーンの帯をまわして貼りました。机はそのまま、明るい木製です。

1か月後、絨毯に寝る子供はいなくなり、静かに勉強するようになったという報告をいただき、安堵しました。学習塾のような勉強のためのスペースには、寒色系の淡いグレイッシュなグリーンやブルー、そしてベージュが向いています。これらの落ち着いた色は精神を安定させ、ほどよい緊張感が集中力を保ちます。しかし寒色系といっても、鮮やかな緑や青を全面に使うと刺激が強すぎ集中できなくなりますから、使う場合にはアクセント程度にとどめておきましょう。

また、私たちは色によって、時間の感覚にも影響を及ぼされます。赤や橙のような暖色系の色に囲まれた部屋では時間感覚が速くなり、時が経つのが遅く感じられます。1時間経ったと思っても、時計を見ると30分しか経っていないというようなことがあります。逆に寒色系の部屋では時間感覚が遅くなり、時は速く過ぎます。30分くらいと思っていたのに実際には1時間経過していたといった具合です。

ですから、暖色系の教室では、授業の時間が恐ろしく長く感じられ、寒色系の教室ではあっという間に終わってしまうように感じられるということです。この面でも、ピンク色に支配された教室は塾には向かないのがわかります。このことは照明についてもいえ、暖かみのあるイエロー系の光よりも、寒色系の冷たい光の方が勉強や仕事には向くでしょう。

歳をとったら重厚な色かパステル色か

▼高齢者に向いた色とは

●女性を助けてくれるピンク色

ある老夫婦に、自宅のインテリアコーディネートの相談を受けた時の話です。

最初に入居される時、ご主人は白御影のシステムキッチンがすっかり気に入ってしまいました。奥様は少々不安な様子を見せていましたが、ご主人に譲る気持ちのないことを察した私は、その白御影石を中心にコーディネートをスタートしました。その結果、モノトーン（無彩色）～濃い茶系の色でまとまった、〝落ち着いた風格のあるインテリア〟ができあがりました。奥様も、ご主人の御満悦な顔に納得されたのでしょう。喜んで新居に入居されました。

ところが2年後、「やっぱりもう少しフェミニンにしたいの」と奥様よりデザイン変更の電話がありました。実は私は最初からこのことを予想していました。50歳近い奥様には、御影石が重くて冷たく、赤系の色のない部屋では安らげなかったのでしょう。そこで、インテリアを少々改造。椅子やテーブルクロス、絵画などに暖色系のやさしい赤系～サーモンピンクの色味をプラスしました。これで奥様もラクになり、部屋で落ち着けるようになったとのことです。

ピンク色は、高齢の女性にはファッションにもお勧めです。ピンク色は女性ホルモンの活性化を促し、また私たち日本人の顔色を明るく美しく若返らせる効果を持っています。さらに華やいだ明るい色を身につけていれば、気分も明るくなり、元気が出てくるはずです。

●やさしい色ばかりでは……

高齢者向けの住宅のインテリアに関しては、すべてパステル調の淡い色でまとめればいいというわけではありません。1章で触れたように、虹彩にあるメラニン色素は年齢とともに沈着し、視力が落ちていきます。「お年寄りには優しいパステル調の環境を」と決めて色彩計画を行なっている老人ホームが多くありますが、実はパステル調の色ほど、他の色の影響によって見え方が変化しやすく、視力の弱まっている高齢者には判別しにくくなります。明度の高い色同士は、どれも同じに見えてしまうのです。

機能性を優先する場所や、階段、段差、すべる場所などの危険がある箇所には、ビビッドな赤やオレンジなどのはっきりわかる色を使うべきです。また、瞳の保護のために薄い黄色や茶色のサングラスをかけている高齢者もいますから、サングラスをかけたままでも判別できる色を使うくらいの配慮が必要です。

別の理由として、精神面での影響もあります。常に、淡くやさしい色だけに囲まれていると、緊張感が薄れ、脳への刺激がなく、その結果、痴呆の発症や進行の恐れがあるのです。高齢者の住環境には、適度な刺激色を加えた、やさしい空間をつくっていくことをお勧めします。

ランドマークと機能と調和

▼公園遊具の色彩計画

平成4年、島根県出雲市に建設された出雲ドームは、日本最大の木造建築として話題を呼びました。そのドームに隣接する公園に設置する遊具に関して、デザインコンペで入賞した遊具会社から、色彩計画の依頼がありました。

依頼の遊具の図面を見て、とても個性的なデザインにびっくり。出雲の国に伝わる伝説の大蛇〝八岐大蛇《やまたのおろち》〟をコンセプトに、パイプを使い、大蛇がうねりまわるようにデザインされた遊具なのです。公園のモニュメントとしてインパクト十分、地域のランドマーク的な役割すら果たすのではないかと思うような個性と規模だと思いました。これに色をつけてくれというわけです。

色彩計画において考慮すべき要素としては、使用目的、環境との調和、機能と安全性、対象年齢等々。この遊具は、ひとつの〝かたまり〟にやさしい遊びから高度な遊びまでを盛り込み、複合的にデザインされています。ということは、使用対象年齢層の幅が広いことを意味しています。

周囲との調和などについては、やはり現地を見ないことには始まりません。早速、図面を持って現地へ向かいました。季節的には春でしたが、出雲はまだ寒く冬の気配が濃厚です。そんな中でも、公園を構成している樹木の種類やまわりの田園風景を観察し、四季の様子をイメージしていきます。田園の色合い、どんな花が咲き、秋にはどう紅葉するのか…。

さらに隣りに鎮座するドームとのバランスを壊さず、〝大蛇〟のコンセプトを活かしながらの色彩計画を案に取り組むこと半日。子供心にかえってみるのもひとつの方法かと思い、駄菓子屋やファーストフード店に足を運び、ハンバーガーにかぶりついてみたり、あれこれ想像をめぐらせ、考えを整理しながら帰途につきました。

〝鉄は熱いうちに打て〟と、現地で受けた感覚が冷めやまぬうちに、すぐに遊具のデザインに色を落とし込む作業をします。今回は、緑多い田園風景を壊さないような色彩計画を第一とすることにしました。また、機能を考え、傾斜のゆるいすべり台などソフトな遊びを行なう場所（危険性の低い場所）にはパステル調のやさしい色を、ハードな遊び（危険性の高い場所）や遊びの切り替え場所などには注意を喚起するビビッドな赤や黄を置きました。

全体的に自然になじませながら、モニュメントの役目を果たすように心掛けた色彩を施し、遊具の色が決定できました。遊具の色彩計画は、主に使用する子供の目線に立つことも非常に大切ですが、環境とのバランスを考えるためにはやはり大人の目線が必要だというのが私の考えです。街に溶け込み、住民に愛される公園の遊具とするためには、テーマパーク内の遊具とは違った視点で計画する必要があるのではないかと思います（口絵にカラー写真）。

公共の色、街の色を考える

▼住宅団地の色彩計画

むやみに派手な建物や看板は景観をそこね、住民や来訪者に不快感を与えます。「公共の色を考える会」が誕生し、「無節操に使われている色＝騒色公害」を訴えはじめました。また、「地球にやさしい」「オーガニック」など、自然を尊重する動きが現われはじめると、成熟した社会への移行が色にも表われ、街を汚すギラギラした色は自然と少しずつ消えていっています。今では各地で「色彩計画」の大切さが理解されつつあります。

「団地」というと高層階建ての集合住宅をイメージする人が多いかもしれませんが、現在私のいる広島では、山を切り崩して造成された大規模な宅地に一戸建てが並ぶのが一般的な団地です。規模の大きい団地には住宅だけでなく、小、中学校や高等学校の用地も確保されます。その団地の色彩計画を依頼されたことがあります。場所は広島の市街地から車で30分程度のベッドタウンです。

色彩計画は団地の「パブリックゾーン（公的な部分）」に大きな比重が置かれます。擁壁《ようへき》の素材と色、樹木の種類（性質と造形）、公園（遊具、トイレ）、集会所、汚水処理施設などなど。ある環境デザイン室との協同企画で、環境デザイン室がハードデザインを担当、それに対して

■広島の団地とその中央を走るモノレール

色彩計画をしていくという手順です。

現地視察からこの色彩計画のコンセプトを「自然との共生＝自然とのなじみ」と導き、できるだけ人工色を持ち込まないようにしました。三方を山に囲まれ、山陽本線を眼下に見下ろせる環境を活かすためです。また、この団地には日本で初めての空中ゴンドラ型モノレールの設置が計画されていました。JR駅より団地の中央をモノレールが走る計画です。造形的に非常に大きなインパクトがあるので、色彩は押さえたほうがいいと直感しました。造形的にインパクトの強いモノに対しては、その造形美と素材の美しさに色をゆずるのが私の基本方針です（橋などもそのひとつです）。

まず、コンセプトに忠実に自然の色を整理し、植樹される樹木の色や性質を調査し、すでに決められていた擁壁の素材と色の変化（天気の日と雨で濡れた時の色、また年月が経つとどうなるか）などを確かめます。擁壁の御影石のグレイッシュピンクを基本に自然になじむ色相を選び、ベーストーン（最も多く使われる色のトーン）、アソートトーン（ベースに調和するトーン）、アクセントトーンを決定。その中からそれぞれのゾーン（目的別）ごとに色を落とし込んでいきます。その結果、全体の色の調和が保たれます。

ゾーンごとに色を決めていく段階では、さまざまなトラブルが生じます。たとえば造形計画の段階で計画とは無関係に色指定がされており、できあがったもの（公園の遊具）がやはりどうも環境に調和しないので再度塗り替えたところがありました。これは全体を指揮する（プロデュースする）デベロッパーの責任者の不慣れさや、進行途中での担当者の変更もひとつの原因ではあります。

困難を超えてできあがった団地は、環境になじみ自然なたたずまいを感じさせるものとなりました。しかし色彩計画はこれで終わりではありません。団地の完成後は、団地に住居を持つ方やそれを管理する方が、環境はもちろんのこと、団地全体の調和を考慮に入れ、一軒のみが突出した色にならないように協力していく気持ちが、色彩計画を成功に導く鍵だと強く感じています。

京都や倉敷では伝統的な街並みの景観を守るため、決められた地域の中では、相応しくない色の建物や看板などは〝お断り〟をしています。自然の色や私達の祖先がつくり上げてきた環境に相応しい〝色〟と、新しい文化が創り出す〝色〟が共生して、成熟した社会の〝色〟が誕生していくのではないでしょうか。

Part 6

ビジネスに効く色

ケネディが生んだ赤いネクタイのパワー伝説

▼演出に効いた色

２０００年のアメリカの大統領選挙は史上まれにみる接戦といわれ、最後まで決着がまったく予想できないほどでした。このような接戦を制するには、有権者に直接、候補者のイメージを与える「テレビ討論会」が、とりわけ選挙結果を大きく左右するといわれます。10月に行なわれた最初の討論会では、対立するブッシュ候補とゴア候補が、そろって濃紺のスーツに白いシャツ、そし赤いネクタイという出立ちで現われました。両者とも、視聴者に好印象を与えようと綿密に計算した結果、まったく同じコーディネートになってしまったのでしょう。

この、テレビ討論会での服装効果が注目されるようになったのは、第35代大統領、ジョン・F・ケネディが真っ赤なネクタイで登場し、成功をおさめたのがきっかけといわれています。その時のケネディの服装の色の組み合わせは、「希望」、「沈静」、「男性的」をイメージする紺色のスーツに、「清潔」、「永遠」、「上品」というイメージの白いシャツ、そして「情熱的」な赤のネクタイにポケットチーフでした。

大統領候補のスタッフたちは、テレビ討論に出る際、どんなことに気を使ったのでしょうか。視聴者に信頼感を持たせ、高圧的な感じは与えず、それでいて相手より目立ち、強そうでなく

写真提供・共同通信社

てはなりません。ケネディ大統領のこのコーディネートは、コントラストの強い配色にもかかわらず、分量のバランスが良かったために下品にならず、とりわけアクセントの赤が人を引きつけてやまなかったわけです。その効果もあってか、演説は大成功に終わり、赤いネクタイのパワーとして語られるようになったのです。

プレゼンやスピーチなど、大勢の人の前で何かを発表する時においては、話す内容はもちろんですが、話す人物から受ける「見た目の印象」がとても大きな力を持ちます。まず、話し手は聴衆の目を自分に向けさせなければ、話を聞いてもらえません。ですから、自分を強くアピールしたい場合には、赤いネクタイで効果的な演出をしてみるのもいいでしょう。

しかし、いくら効果的といっても、ブッシュ氏とゴア氏のように2人とも同じ服装になってしまっては、滑稽な感じで逆効果だったかもしれませんね。赤は単独で1点あると、俄然輝いて見える効果があります。

2

他業界まで巻き込んだ「iMac」カラー

▼商品の色

登場するなり多くの人を「かわいい！」とうならせたアップル社のパソコン「iMac（アイマック）」。スケルトンのボディ素材に、明るい5色（初期のものを含めれば6色）のカラーバリエーションがセンセーショナルでした。それまで、黒やグレーといった彩度の低い色が相場と決まっていたパソコンのデザインに、一種の革命をもたらしたようなものです。オレンジ色の蛍光色がまぶしいくらいのノートパソコンiBook（アイブック）など、キーボード音痴の私でも持って歩きたいという衝動に駆られたほど、ショッキングな登場でした。

iMacに続けと、パソコンの周辺機器だけでなく、その他のOA機器や文房具、家具、ファッションの分野にまで、次々にスケルトンのカラフルな商品が売り出されてブームになりました。これらを総称して「アイマックカラー」という言葉が流行るなど、iMacは他業界まで巻き込んで色の革命をもたらしました。

単品では、新色を打ち出したおかげでヒットした商品もありますが、他の商品まで巻き込んで〝色〟の力を見せつけたのは珍しいケースです。そのヒットの要因としては、「コンピュータは無機質な色が当たり前」という固定観念を破り、それが他の分野に波及したためといえるでしょう。

しかし、ヒット商品の中には、この固定観念が大切になるものもあります。言い換えれば、多くの人に受け入れられる商品にするには、デザインにおいて「モノの持つイメージ」を的確に色に反映させることが重要になります。

たとえば、缶入りコーヒーで考えてみましょう。糖分の高いコーヒーは甘く感じられる赤系の缶に、ちょっと苦みの効いたコーヒーはブラウン系の色に、ノンシュガーはシルバーやグレーといった無彩色の色でデザインしてあるものが多いと思い当たりませんか？　滋養強壮ドリンク剤は、黄色と黒や、赤と青などの目立つ色の組み合わせのものが多いでしょう。色によって強烈なイメージを与え、見る人にいかにも「効く」という効果を与えているといえます。

化粧品では、色そのものが商品のコピー（売り文句）になる場合が多いですね。この場合、売り出すイメージと実際の商品の色がうまく一致していれば、ヒットする確率が高くなるといえるでしょう。たとえばルージュの新色は、〝やさしい〟とか〝しっとり〟といったコピーイメージと実際の商品の色の与える印象が重なると、売れるということです。

色のイメージを伝える言葉もいろいろです。化粧品にしろ食品のパッケージにしろ、新商品が出たときには、宣伝コピーを見てどんなイメージを打ち出しているのかをチェックするのも楽しいものです。

3

オフィスのカラー計画で効率アップ

▼ビジネス空間の色

皆さんの働くオフィスのイメージは何色でしょうか？　「グレー」という声が圧倒的ではないかと思います。ＯＡ機器の多くはグレーですし、カーペットも汚れの目立たないグレーの使用率が高いでしょう。机やロッカーなどにも、グレーのものが多く使われていますね。ほかにも意図的に、水色や白などを多く取り入れたオフィスがあるかもしれません。しかし、ピンク系やオレンジ系といった暖色をメインにしているオフィスは少ないのではないでしょうか？

色は、人間の五感をいとも簡単に狂わせてしまいます。仕事をする空間でいえば、時間の経過、重量感、温度感などが能率や集中力に重要な影響を与える要素となります。ですから、なるべくこれらの感覚に影響を及ぼさないような色合いが、オフィスには必要です。

落ち着いて、また集中して仕事をするには、ブルーからグリーンの間といった寒色の、明るく低彩度の色が好ましいでしょう。寒色系でもビビッドな色は主張が強いので避けます。また、天井は白に限ります。天井に色をつけると常に圧迫されているように感じ、知らず知らずのうちに疲れを感じてしまうのです。

ただ、全体の雰囲気が淡い寒色ばかりでは、気持ちにメリハリがつきません。アクセントとして赤や緑の椅子にするのもよいでしょう。ＯＡ機器も最近はカラフルなものが増えてきました。置いてあるだけで、気持ちをなごませるような効果があります。ただし、これらのアクセントは、気が散らない程度に抑えることが大切です。目立つ大柄の壁紙なども、気が散る原因となることがあります。

また、素材の色も考慮すべき要素です。５章でも述べましたが、無機質・無彩色なパーテーションで区切られ、しかもグレーのＯＡ機器が多い部屋では、とても疲れを感じます。この場合、せめてデスクを肌色に近い明るさの木質にするなどして、自然素材の色を取り入れると緩和できます。

そして、休憩室はやさしい暖色系（淡いピンク系）にするとリラックスでき、短時間で疲労を癒してくれます。また、オフィス内に鉢植えの花や緑の観葉植物を置くと、疲れた目を回復させたり、体の緊張をほぐす効果があります。

ビジネス空間といえども、目的別に色彩計画を行なうことが理想です。

4 赤い企業、青い企業
▼コーポレートカラーの力

●色を見れば企業が浮かぶ？

「『赤い鶴のマーク』といったら日本航空（ＪＡＬ）」と企業名が出てくれば大成功。コーポレートカラー（Ｃ・Ｃ）として立派に役目を果たし、広く消費者に認知されているということです。

ファーストフードの横綱、マクドナルドの色のイメージといえば赤。ハンバーガーに欠かせないトマトケチャップのカゴメも赤。このようにファーストフード系や食品会社のシンボルカラーは、赤やオレンジが断然多いですね。赤やオレンジ色は食欲を喚起したり、また食材（トマトやオレンジ）をイメージさせ、これら飲食業にはピッタリの色といえます。

また、赤は遠くからでも看板が目に入る視認性（明視性と可読性を含む）の高い色であるとともに、「情熱」、「勇気」、「興奮」といった心理をもたらします。そこで、飲食業にばかりでなく、赤やオレンジ系をシンボルカラーとしている企業は多いようです。銀行や保険会社、スーパー、運輸など、思い当たる企業がたくさんあるでしょう。ほかにも、「信頼」、「誠実」、「信用」、「沈着」などのイメージを持つ青を採用している企業も多くあります。飲料系やインテリア、航空会社などが思い浮かべられるでしょう。

●「同じ色だと間違える」ほど強いイメージ効果

コーポレートカラーには、外部に対して企業イメージやポリシーを発信したり、逆に色から企業イメージを推測してもらおうという狙いがあります。と同時に企業内部に対して、団結感や一体感を生むという効果もあります。同じ業種では、そのイメージカラーが商品の善し悪しにさえ影響しかねないこともあります。企業にとって、その一色に企業の命運がかかっているといっても過言でない場合が少なくないのです。色の力はあなどれません。

マーメイドの顔をあしらった緑色のマークや緑を基調とした内装を用い、盛んに店舗を増やしていくスターバックスコーヒーが、同じ緑色のマークを掲げて展開してきたコーヒーショップチェーンに対し、「真似をしている」と訴えたことがありました。確かに、スターバックスの緑色のマークを見慣れていると、街で緑色の看板を見かければ、反射的に「あ、スターバックス」と思ってしまいます。緑色と店のイメージが、非常に深く結びついていたというわけです。この訴えは聞き入れられ、後者のコーヒーショップはマークの色を青に変えました。訴えてでも色を変えさせたほど、色は企業のアイデンティティに関わってくるということです。

コーポレートカラーは商品だけでなく、企業のスポーツチームのユニホーム、社旗、社用車、制服など企業に関わるアイテムにことごとく使用されます。私たちの目に触れるたびに無言のコミュニケーションを図っている重要な〝一色〟なのです。

●ピンクを入れたら来客数がアップしたコンビニ

「店のカラーのブルーに、〝淡いピンク色〟を加えたら、来店客数が上昇中」——、コンビニエンスストア、ローソンのニュースを耳にした人も多いと思います。看板や内装など、それまでブルー一色だったところに、思い切って淡いピンク色を加えたことでフリーのお客さんが増えたそうです。確かにブルー一色ではいかにも冷たい感じがして、お客さんも足を踏み入れる気がしなかったのかもしれません。そこで、ブルーの看板には新たにピンクのラインを入れ、店内もピンクの壁に変身させたところ、ぐんと入りやすくなったというわけです。

コンビニのもう一方の雄、セブンイレブンは、赤・緑・オレンジを基調とし、「暖かさ」と「賑わい」を表わしています。配色の点ではこちらの方が入りやすく、当初はこちらに軍杯ありといったところでした。もし冬の寒い夜に通りかかったとしたら、赤やオレンジの光が輝く店と青いあかりが灯る店とでは、どちらに寄りたくなるか想像してみてください。今後は、「やさしさ」や「柔らかさ」を表わすピンクの色が、店舗にどう影響するのか、注目してみたいところです。

5

流行色には周期がある

▼流行色のしくみ

2000年に開催されたシドニーオリンピックのイメージカラーは青でした。ではもっと前、1992年バルセロナオリンピックのイメージカラーを覚えていますか? こちらはオレンジだったのですが、記憶が薄いのは開催年が古いせいだけではないかもしれません。このオレンジは、日本ではあまり流行しなかったといわれているのです。この違いは、なぜ起こったのでしょうか?

バルセロナは、日本人にとって行ってみたい憧れの都市ではあっても、身近にはイメージしにくい遠い国の街であったり、時差の関係でテレビ観戦の時間帯が合わなかったり、期待どおりにいかなかった日本選手の成績など、オリンピック自体にいくつかのマイナス要素はありましたが、イメージカラーそのものも影響しているといえます。

オレンジは、日本人の肌の色を悪く見せる代表的な色なのです。それに比べてブルーは日本人の肌とよく合います。メダルを贈られた日本人選手の首にかかるブルーリボンが、選手たちを輝かしく見せるのに実に効果的で好印象だったというわけです。そして開会式でも街中でも、いたるところで使われたブルーが、日本人に好感を持って受け入れられたようです。

実は、流行色というのは自然発生的に出てくるものではなく、あらかじめ国際流行色協会（インターカラー）というところで提案・選定され、2年も前に発表されるものなのです。正確にいうと、日本での流行色は、日本流行色協会（JAFCA）がインターカラーの発表をもとに国内委員会で検討し、国内向けに選定しています（図1）。

ですから、流行色がヒットする年とヒットしない年があるのは当然のことです。オリンピックのように最初からわかっているイベントなら予測や計画に織り込めるのでいいのですが、不確定な世相や経済などの動きも、流行色の流行度を左右する要素となります。予測に反して、世相や経済の動きが活発でなかったりすると、あらかじめ決めておいた流行色が不発に終わることもあります。

「最初から決まっている流行色を押しつけられるなんて」と悔しく思う人もいるでしょう。そこで逆手をとって、流行色の予測を自分で立ててみてはいかがでしょう。一般に、人の性質として、古いモノに飽き、新しいモノに刺激されて購買意欲が湧くという傾向がありますから、暖色（赤や橙）と寒色（ブルーや緑）、色相（色み）の濃淡、強弱、明暗を交互に持ってくると流行る確率が高いといえます。さらに、オリンピックやワールドカップなど、国際的なイベントがある年なら開催国のお国柄の色を考慮する、といった調子です。流行色のサイクルは、たとえば図2のようになっています。

■図1〈流行色が決まるまで〉

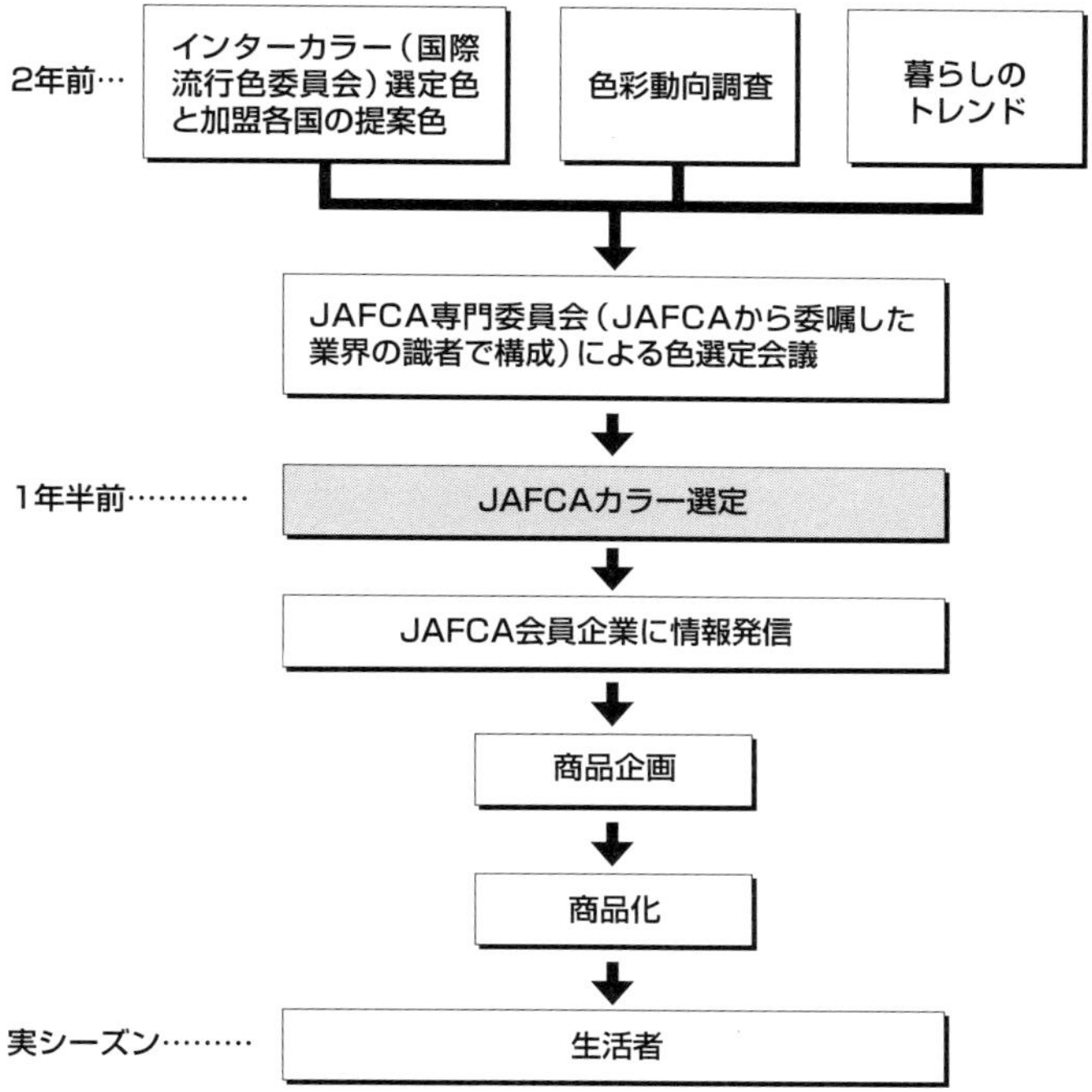

社団法人　日本流行色協会HPの資料より作成

■図2〈流行色のサイクル〉

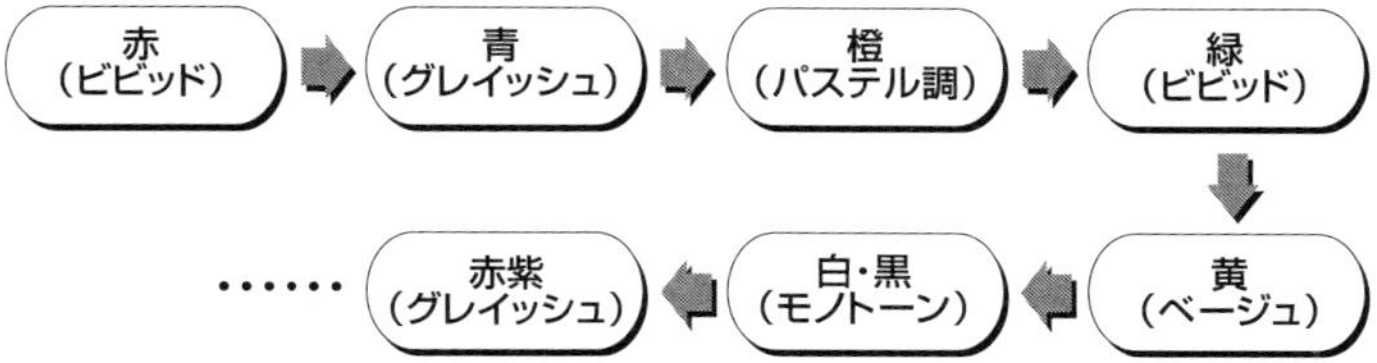

黒は不景気の色か？

▼成長期の色、不景気の色

　1960年代の終わり頃、黄色や紫、ピンクなどの蛍光色調の色彩がもてはやされました。当時はこれらの色や組み合わせを〝サイケデリック（幻覚・陶酔状態の）カラー〟と呼んで、学生運動や反戦に続く時代の象徴とされたこともありました。またその時代は、すでに高度成長も円熟期を迎え、次に何がくるのか人々の期待と不安が入り交じる時代でもありました。

　その後、1980年代後半からバブル経済を迎えることになります。世の中にお金が余っているように思われていたこの時期は、暖色系（赤、橙、黄）の色が街に溢れていました。看板やインテリア、企業のシンボルカラーなどがそろってこのような色使いをしていました。

　やがて、大手企業から中小企業までがCI（コーポレート・アイデンティティ）を掲げはじめました。企業の精神を「色」に託すコーポレートカラーを用いる企業も多く現われましたが、その色使いはギラギラした赤い色から、グリーンやブルーへと移っていきました。まるで金持ちになった日本が、静かな落ち着きのある、人にやさしい色に渇望していたかのようでした。

　次に迎えたのがバブル崩壊の時代です。1990年代前半から景気の低迷が続き、21世紀に入った今でも一般の人々にとっては回復の糸口さえ見つけにくい状況です。

一般に、流行色がモノトーンに移行する時は不景気といわれます。ちなみに、２００１年春夏の流行色は「モノトーン」です。２０００年の春夏に流行ったピンクが、秋にかけて紫系に変わり、暮れあたりから、白黒のプリントのファッションがやたらと目につくようになりました。

しかしバブルが弾けて10年、ずっと白、黒、グレーなどの無彩色ばかり流行っていたわけではありません。では、明けたばかりの新世紀がどんどん不景気になっていく前触れでしょうか？　それが、そうとも限らないのです。

というのは、日本人の「色」に対する感心が、以前とは変わってきているからです。かつて戦後の貧しいころには、「色」は貴重な存在でした。テレビももちろん白黒で、さまざまな工業製品や服飾品などを作り出すにしても、現在のような多彩な色をつける技術は未熟でした。つまり、色のついたものは特別だったり、高価なものだったのです。

かつてモノトーンは、社会全体が経済的に余裕がない状態を表わしていました。しかし、現在のような成熟した社会では、身の周りには常に豊富な色が存在し、そこから流行色とか、デザインが生み出されます。その中では、黒も白も、他の有彩色の一色と同じ重みで扱われているでしょう。ですから、「モノトーンが流行ると不景気に」とは、もう過去形の言い方なのです。

7

住民と企業の協力が成功の要因

▼清水港・みなと色彩計画

1998年、静岡県の「清水港・みなと色彩計画」が、日本の建設技術の発展に寄与するものとして全日本建設技術協会が表彰する「全健賞」を受賞しました。清水港は、天女伝説の三保の松原に富士山という日本を代表とする風景をもつ港ですが、多くの港と同様に、紅白の煙突や老朽化したタンクや錆びた屋根の倉庫が建ち並び、汚く殺伐とした港となっていました。しかし、県や市と、企業、そして住民が一体となって取り組んだこの色彩計画によって、見違えるように美しく生まれ変わったのです。

この色彩計画が立ち上がったのは、98年に清水市が実施した、都市の景観形成に伴うアンケート調査がきっかけです。「嫌いな景観」の上位に「港」がランクされ、市のシンボルともい

塗り替え前の清水港（口絵にカラー写真）

■図3〈「清水港・みなと色彩計画」策定までの流れ〉

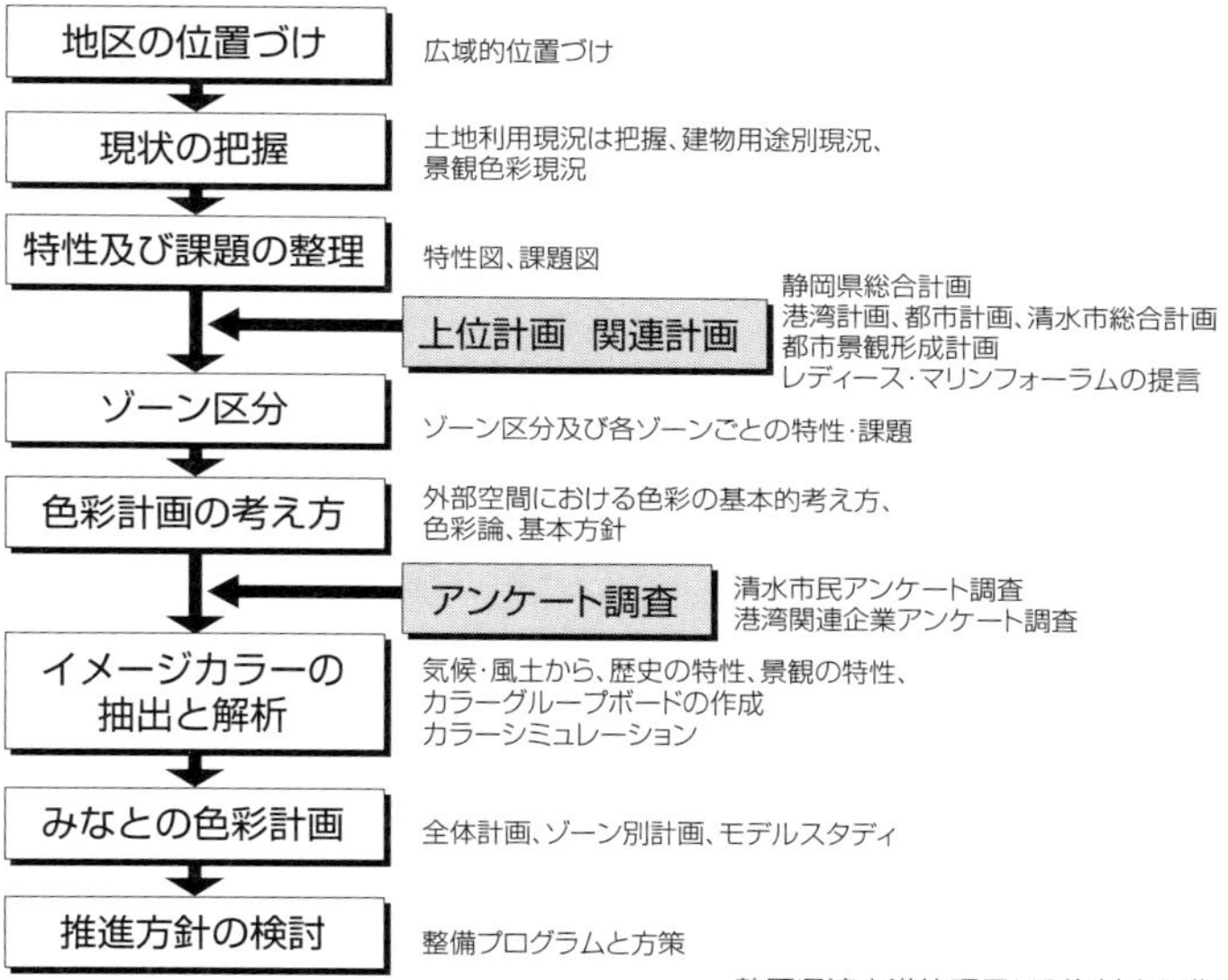

静岡県清水港管理局HP資料より作成

える港が市民からかけ離れた存在となっていることが明らかになりました。そこで90年に、生活者の代表として、当時港から最も遠い存在にあった女性によって「レディース・マリンフォーラム」が組織され、この問題に対して「自然景観に調和するような、地域の機能と特性にあった色彩計画の策定を」との提言がなされて色彩計画が始まりました。

翌年には、色彩や景観に関する専門家と地元企業の代表者などによって委員会が組まれ、実際の計画の策定が始まりました。まず現状を把握し、特性や課題点を整理します。そして港全体を特性や機能によっていくつかにゾーニング。それから具体的な色を決めていきます。

清水港のシンボルカラーは、住民や企業

■図4〈清水港の印象の変化（清水市民アンケート）〉

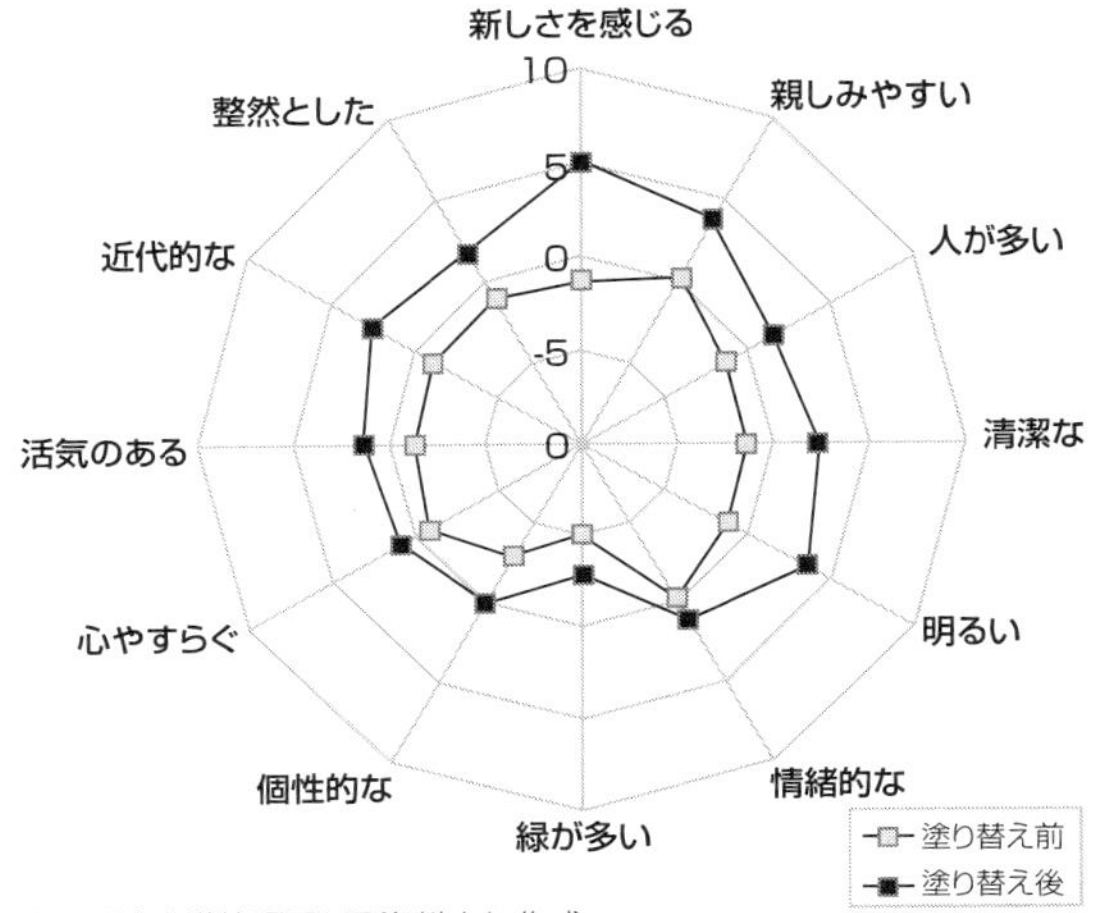

静岡県清水港管理局HP資料より作成

のアンケート調査の結果、空・海・富士山といった清水港を取り巻く自然条件等をふまえて〝アクアブルー〟と〝ホワイト〟に設定されました。さらにベースカラー、アクセントカラー、アクセサリーカラーのほか、8つのゾーンごとのイメージカラーを決めます。これらの色は、各企業が新築、増築、改築、塗り替えの時にアクセントカラーとベースカラーを選択し、色彩配色の組み合わせについては専門家に相談するといった形式で進められました。

この色彩計画の成功は、港の重厚長大産業のグランドとしての役割が、これまでの機能優先型の発想から〝潤い〟〝安らぎ〟といった生活者に配慮した環境創造へと移行しつつある世相であること、そして市民の意見、とくに生活者としての女性の意見や、環境に関わる企業の協力が無理のないところで採り入れられたところにあるように思います。天気のよい日は富士山を借景に、アクアブルーとホワイトのシンボルカラーが見事に美しさを発揮しています。

Part 7

風土・文化・民族・歴史と色

青が美しい北海道、赤が映える沖縄

▼地域性と色

北の大地北海道では、6月の終わり頃になると、春を待っていたかのように一斉に花々が咲き始めます。ラベンダー畑やライラックの花の紫色、可憐なスズランの花の白、忘れな草のブルーなど、寒色系の花が多く咲き、その清楚な色が北の澄んだ空気によく合っている気がします。一方、南国、沖縄の花といったらどんなものを思い出すでしょうか。真っ赤なハイビスカス、濃いピンクのブーゲンビリアなど暖色系の花が多いでしょう。これらは「ビビッド（鮮やかで強い色）」というより、「派手でドギツい」といった方がピッタリするくらいの色なのに、沖縄の強い太陽の光の下では美しく輝いて見えるから不思議です。仮に、北海道で咲く花々を沖縄の太陽の下に持ってきても、恐らくなんだか痛々しくて見ていられないと思います。花は、自分がどこで咲けば最高に美しく個性を発揮できるのか知っているのでしょう。

沖縄で赤い花が美しく見えることには、科学的な理由があります。1章でみたように、物体が赤く見えるのは、その物が光のスペクトルの中の赤い部分を反射しているからです。つまり、赤い花が赤々と咲くためには、たくさんの太陽の光、それも赤い光を必要とします。ということは、赤道に近い地域ほど赤い光に恵まれて、赤が美しく見えるわけです。白や寒色系（ブルー系）は逆になります。北にいくほど、波長の短い青や白の光が散乱し、多く届くので、それらの色が美しく見えるのですね。

日本列島全体では、地域によって美しく見える色がどのように変わってくるのでしょうか。日本アルプスを境界にして、北は寒色系（青や緑など）、南は暖色系（赤や橙など）が美しく見えます。また、太平洋側と日本海側でも違いがあります。太平洋側は清色（澄んだ色）、日本海側はグレイッシュな色（渋い色）がきれいに見えます（口絵参照）。

■図1〈緯度による光の届き方の違い〉

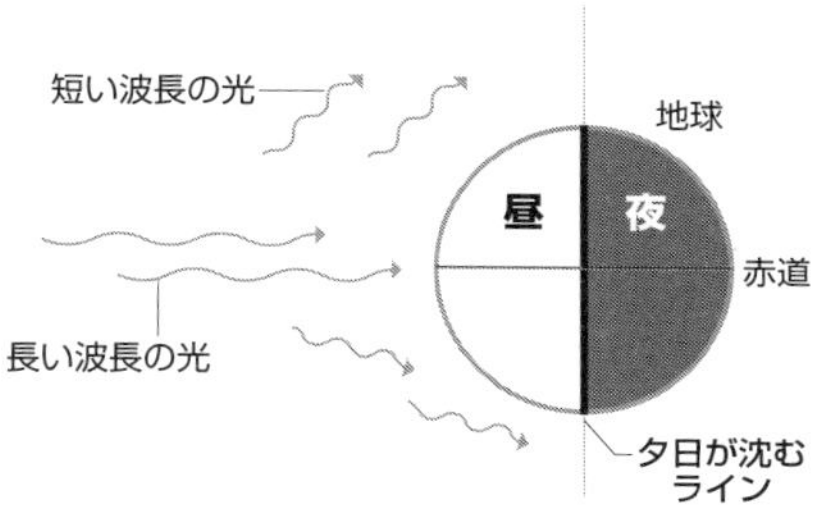

長い波長の光（赤色系）はまっすぐ地上に届くが、短い波長の光（青色系）は大気中の粒子に当たって散乱し、遠くの方へ届く。

その理由は、太平洋側と日本海側で湿度が違うからです。湿度が高いと、空気中の水分で自然光が反射されて拡散します。太平洋岸地域では湿度が夏高冬低のため、冬には自然光がクリアなのに対して、年間を通して高湿な日本海岸地域は、自然光が灰色味を帯びる季節が多いのです。クリアな自然光は清色を美しく、グレイッシュな自然光はグレイッシュな色を美しく見せます。

緯度や気候の差異のため、同じ赤でも、東京と大阪では違って見えます。東京は澄んだきりっとした赤に、大阪は鮮やかで膨らみのある赤に。このことから、色は太陽の光に操られているのがよくわかります。

国旗は国を表わす

▼国旗の色の意味

世界には200以上の国々があります。そしてそれぞれの国の国旗には、その国の歴史や思想、環境などがビッシリ詰まってシンボル化されているのです。ある国では宗教色が濃かったり、歴史を経ていくつもの国家が合体してできていたり、あるいは文字や地形や政治的なシンボルだったたり、実にさまざまな意味が反映されています。

国旗に使われている色も、その国の特徴を表わすものです。国旗の中で最も多く使われている色は誘目性（人を引き付ける力）の高い赤で、次に自由を表わす白、自然の象徴（シンボル）である緑と青となっています。

最も多く使われている赤、しかしその象徴するものや意味は、国によってまったく違っているといえます。たとえば、太陽の赤、革命の赤（血）、キリストの血、共産主義の赤、勇気の赤などがあります。緑や青も同様で、自然を意味している点では大体同じなのですが、森林や水を渇望するアフリカや南米の国々では、それらへの憧れが込められた緑や青なのに対し、自然に恵まれた国々では、自国のシンボルとして使われています。

では黄色は何を表わしているのでしょうか。黄金でしょうか。実は黄色は鉱物資源の多い国

■図2〈オリンピックの旗〉

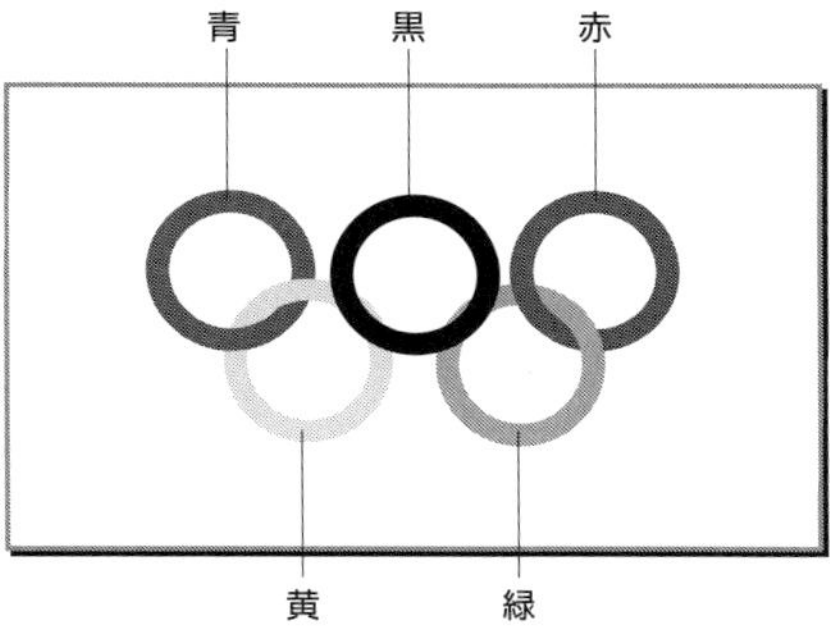

●5つの輪が、ヨーロッパ、アメリカ、アフリカ、オセアニア、アジアの5大陸を表わしている

に使われています。アフリカ大陸と南アメリカ大陸の国々の国旗を並べてみると、黄と緑のどちらの色も使っていない国は非常に少なく、土地の鉱物資源が国にとって大きな意味を持つということがわかります。ただ、アジア地域では、黄色が仏教や儒教を表わしている国もあります。

国旗ではありませんが、万国で使われるオリンピックの旗の色はどうでしょう。南極大陸を除く5大陸（ヨーロッパ、アメリカ、アフリカ、オセアニア、アジア）を輪の形で表わし、白地にそれぞれの輪が重なり合っている構図で、これは近代オリンピックの生みの親であるフランスのクーベルタンがデザインしたものです。輪の配列は上の段の左から青、黒、赤、下の段左に黄色、右に緑となっており、それぞれの色がどの大陸を表わすかは決まっていないそうです。

国旗のデザインや色彩に興味を持ち、その意味を知ることによって、それぞれの国の歴史を知ったり、より親しみやすく感じることができるのではないでしょうか。

宗教を表わすオレンジや緑

▼アジアの国旗

「白地に赤く日の丸染めて、ああ美しい日本の旗よ」―国旗国歌の意義はともかく、日本の国旗、日の丸は色・デザインの点では美しいといつも感じます。白と赤の分量のバランス、四角と丸のデザイン的なバランス、しかも非常にシンプルなところが、より美しさを際立たせます。たとえば赤丸を上下左右に数ミリでも動かしたり、大きさを変えたりしたら、この美しさは得られないでしょう。

日本の国旗では赤は〝朝日〟を象徴するのに対して、同じアジアでも他の国々（中国、北朝鮮、ベトナム、カンボジアなど）の国旗の赤は、共産主義やその勝利を表わします。また、インドネシアとフィリピンの赤は、独立戦争の勇気の象徴（シンボル）です。

ベトナムや中国の国旗にある星型の黄色は、仏教や儒教世界では一番高貴な色とされており、その宗教による至上主義の表われです。中国では黄色は皇帝のシンボルカラーであり、黄色の服は皇帝のみが着る服でした。

同じ宗教でもイスラム教は緑で表わされます。インドの国旗はイスラム教の緑、ヒンズー教のオレンジを柱に仏教徒の法輪（紺色）を組み合わせ、3つの宗教の象徴色で構成されていま

■図3〈アジアの国旗〉

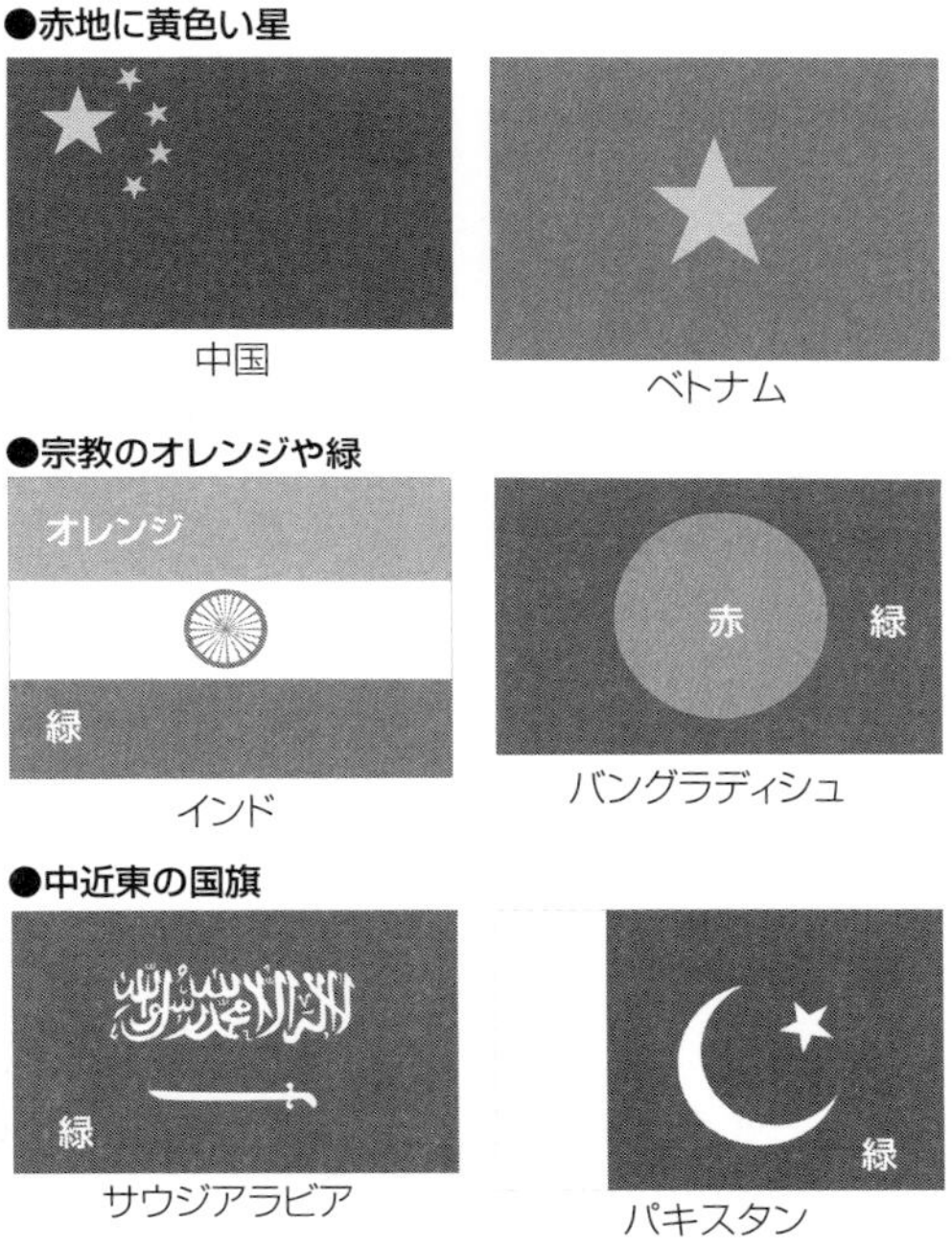

す。バングラディシュの国旗は、イスラム教を表わす緑色の地に赤い丸です。この赤は戦いにより流した血を表わしています。この国旗は日本の日の丸と似たデザインで色が違うといったところですが、同じデザインでも、色が異なると表現する意味も大きく変わってくるのです。

では、イスラム教発祥の地、中近東の国々の国旗はというと、当然、緑の入ったデザインになっています。

「アラーの外に神はなし、マホメットはアラーの予言者なり」と、緑地に白のクーフィー文字で書かれているサウジアラビアの国旗をはじめ、パキスタンもイスラムの緑に白い三日月と星をあしらい、アラブ首長国連邦、クウェート、イエメン、シリア、イラク、ヨルダンの国々でもイスラム教の緑、流血、勇気の赤、平和の白といったアラブ旧民族のシンボルカラーで構成されています。

トリコロールや十字の色々

▼ヨーロッパの国旗

ヨーロッパには、3色を組み合わせた国旗、「トリコロール（三色配色）」が多く見られます。その代表として挙げられるのがフランス国旗でしょう。青、白、赤は、それぞれ自由、平等、博愛を意味し、自由を求めるフランス革命の象徴（シンボル）です。

イタリアントリコロールは緑、白、赤の3色で、美しい国土、正義、愛国心を象徴していきます。話はそれますが、イタリア料理といえばピッツァ。なかでもピッツァマルガリータは、バジルの葉、モッツァレラチーズ、トマトでこの国旗の3色を表現している、愛国心あふれた料理なのです。また、アイルランドは国のシンボルの緑と、プロテスタントのシンボルカラーであるオレンジと白の組み合わせです。オランダは自由の象徴として青、そして白、赤の組み合わせの横三色旗です。

トリコロールと並んでヨーロッパを代表するデザインが、クロス型（ダンネロープ十字）です。北欧の5か国（デンマーク、ノルウェー、フィンランド、スウェーデン、アイスランド）は、色の組み合わせは異なりますが、いずれも十字を基本としたクロス型のデザインです。デンマークでは赤地に白のクロスで自由を表現し、スウェーデンでは青地に黄色、フィンランド

■図4〈ヨーロッパの国旗〉

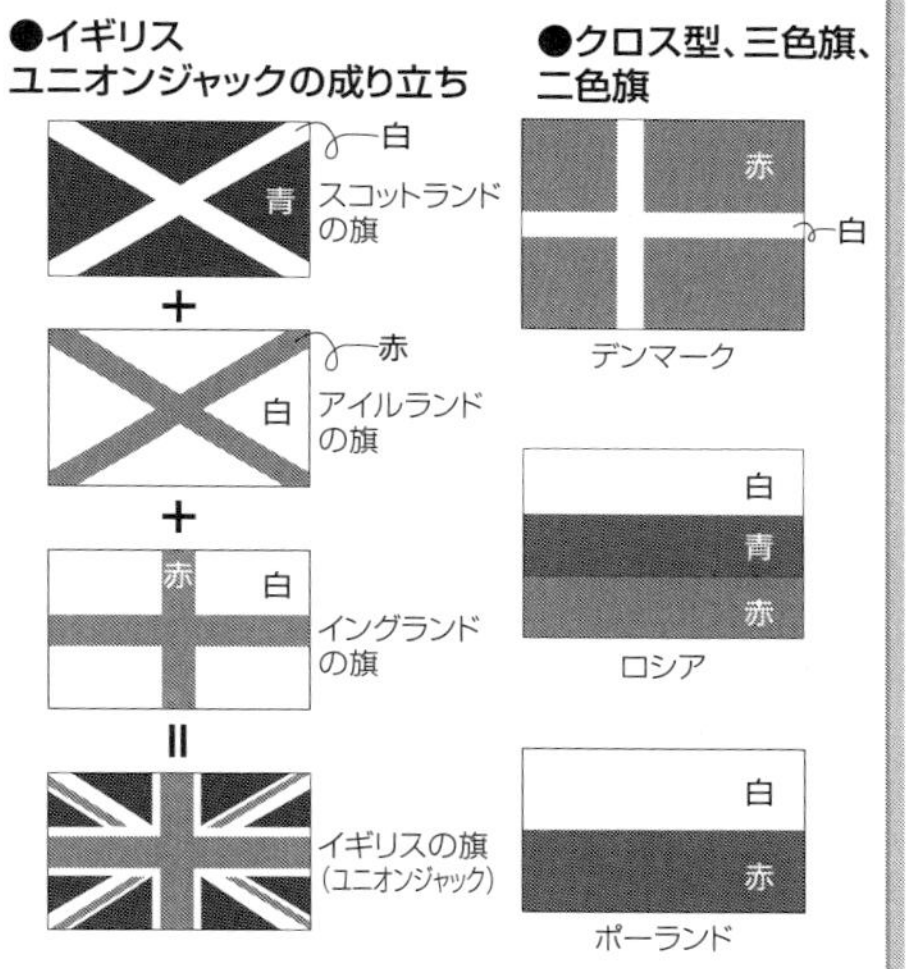

では白地に青で、いずれの青も、国内に多くある湖水を象徴した明るいブルーです。

解体前のソ連は共産主義革命を象徴する赤い旗でしたが、現在のロシア連邦は横のトリコロール配色で、自由の白、独立の青、そして下段の赤は平等を意味しています。東欧ポーランドの赤と白の二色旗でも、白は自由と平和、赤は建国のために流された血を表わしています。同じ赤でも中立国で有名なスイスは、カトリック教会の赤い地に、キリスト教精神を意味する白いスイスの十字（縦横の長さの等しいギリシア十字）です。

最後は「ユニオンジャック」として有名なイギリスの国旗です。白、青（紺）、赤の3色の組み合わせですが、色の意味はフランス国旗とは違います。3つの十字―イングランドの聖ジョージ十字、スコットランドの聖アンドドル十字、アイルランドの聖パトリック十字のそれぞれの色と形を組み合わせたデザインになっているのです。そしてこの色は、イギリスから独立したアメリカ合衆国やオセアニアの国旗の基本カラーにもなっています。

平和の空色、憧れの緑
▼アメリカ大陸、アフリカの国旗

アメリカの「星条旗（スター・アンド・ストライプス）」は、前項に述べたようにイギリス国旗の青、白、赤を基本に各州を表わす星と条（ストライプ）で構成されています。色はそれぞれ、赤が勇気、白が自由、青は忠誠を表わしています。現在の星条旗の星の数は50ですが、これは現在の50の州を意味し、13のストライプは1776年にイギリスから独立した時の州の数を示しています。州の数が増えるごとに国旗の星の数も増えていき、国旗のデザインの変遷がそのまま国家の歴史となっている、非常に面白い例といえます。

カナダは国のシンボルであるカエデの葉を、赤と白との配色で構成しています。国の色である赤と白は、それぞれフランスとイギリスの十字章の色に由来しています。

中南米にいくと、グアマテラ、ホンジュラス、ニカラグア、エルサルバドル、アルゼンチンなどは、平和を表わす白と自由を表わす空色で構成されています。ブラジル、ドミニカ、ガイアナ、スリナム、ボリビアは緑と黄が基調で、豊かな原野の緑と、鉱物資源の黄金がシンボライズされています。

中南米と並んで、アフリカの国々の国旗にも、自然を強調した色が使われています。

■図5〈アメリカ、アフリカの国旗〉

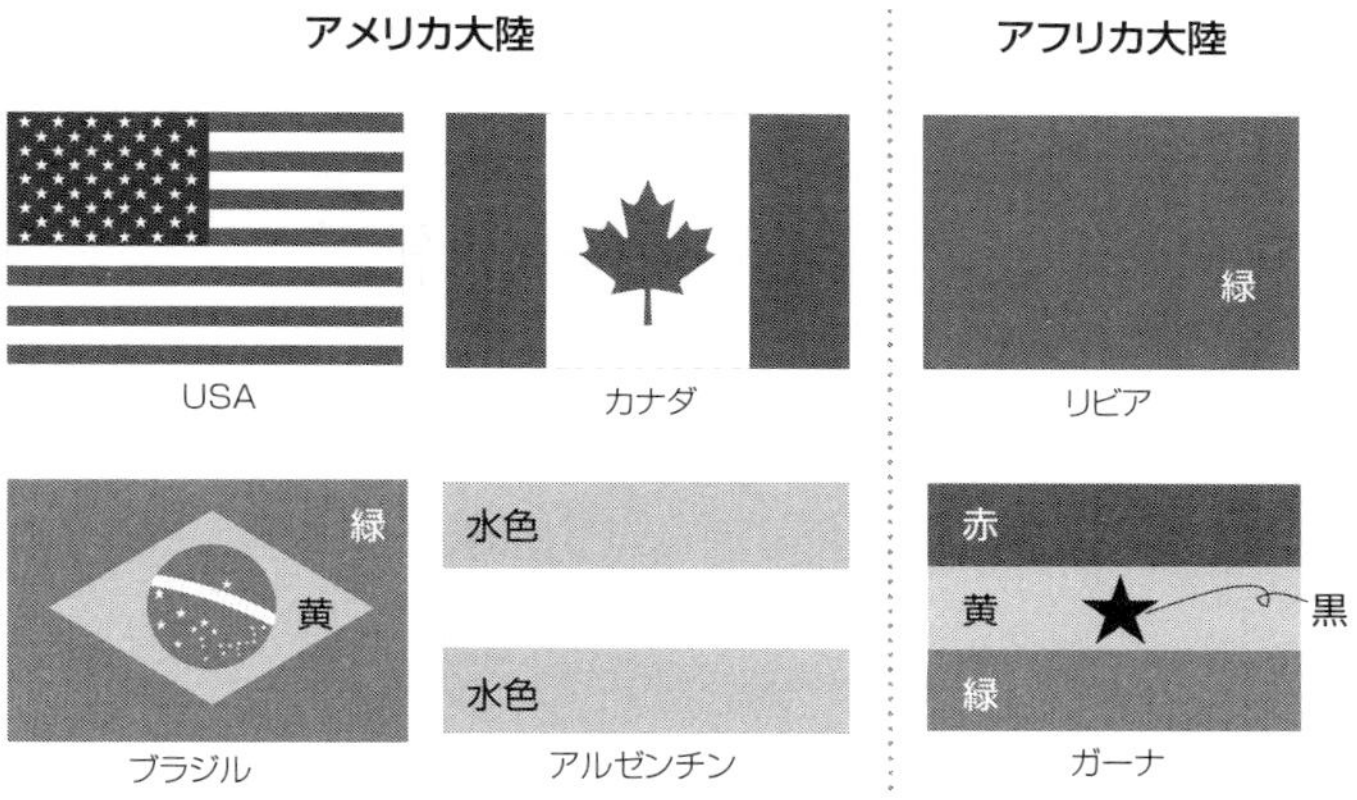

リビアの国旗は、緑一色です。ほかにも、ほとんどといってもいいくらいの国の国旗に緑が使われています。ただしこの緑には116ページにも述べましたように、砂漠の多い国だからこそ、緑に対して憧れと国家建設の目標が込められているのです。次に目立つ黄色は、豊富な天然資源を示しています。

また、アフリカ大陸には１９６０年代に独立した国が多く、アフリカの自由のシンボルである黒い星の使用が目立ちます。ガーナ共和国、カーボベルデ共和国、ギニアビサオ共和国、サントメ・プリシンペ共和国などに使われています。

地域による色の好き嫌いはなぜ生まれるか

▼緯度と色の関係

ここで問題です。

熱帯地域の民族は赤系の色を好む傾向がありますが、それは次のうち、どの理由によるでしょうか。正しいものを選択して下さい。

a・太陽を崇拝するため

b・赤色視細胞が発達しているため

c・お祭り好きな性質で、派手な色を好むため

これは、私がセミナーを開いた際によくする質問なのですが、平均的に一番多い解答はaで、b、cは数人程度という感じです。

しかし、正解はbなのです。ここまで読んでこられた読者なら、おわかりかもしれません。私たちの目の発達は地域によって異なっており、赤道に近い国々の人の目は赤色視細胞が発達していえます。ですから、彼らは総じて長波長（赤、橙、黄）の色の微妙な違いを感じることができるとともに、それらを美しく感じるのです。

逆に、雪の世界で暮らしているイヌイットなどは、白色視細胞が発達しているので白の微妙

■図6〈世界の地域別にみる好きな色〉

地域	1位	2位	3位	4位	5位
全体	青	赤	黒	白	黄
日本	青	赤	青緑	白	黒
東アジア	青	白	黄緑	黄色	水色
東南アジア	白	青	水色	青緑	うすい紫
ロシア	黒	白	赤	青	橙
北欧	黒	橙	青緑	青	赤紫
ヨーロッパ	青	赤	青緑	橙	黒
オセアニア	青	赤	青緑	赤紫	濃い紫
北米	青	赤	緑	黒	濃い赤紫
南米（ブラジル）	青	緑	赤	紫	黒

な違いを見分けることができるといわれています。これもうなずけますね。本やテレビでしか知りませんが、イヌイットの人々が赤いコートや赤いマフラーなどを身につけているところはあまり見たことがありません。熱帯地方の人々は暑いから白を、逆に亜寒帯地方の人々は寒いから赤を求めると考えがちなのですが、さにあらず。何かはぐらかされたように感じてしまいます。

地域による色の好みの差には、このような身体的な発達の差異のほかにも理由があります。前にもお話ししましたように、色の「見え方」は光に左右されます。自分の育った地域の自然光（太陽の光）の色に慣れ親しんだ視覚が、色の好き嫌いに大きな影響を及ぼすはずです。人間の色彩感覚は16歳から18歳までに完成されるといわれています。ということは、18歳前後までに育った地域によって、色の好き嫌いの個人差が出てくるといってもいいでしょう。

7

ラテン民族はビビッドな色が好き？

▼民族と色

ブラジルのリオ・デ・ジャネイロで行なわれる世界的に有名なカーニバル、そう、「リオのカーニバル」の様子をテレビや写真で見たことがあるでしょうか。カーニバルの目玉のサンバ・パレードでは、人々は濃く鮮やかな色をふんだんに使った派手な衣装をまとい、モノに取り憑かれたように踊りながら道を練り歩きます。あの強烈で衝動的なまでの開放感に、日本人はただただ圧倒されてしまいます。

ヨーロッパのラテン系民族国といえば、フラメンコに闘牛の国、スペインが挙げられます。彼らは暖色系（赤、橙、黄）の鮮やかな色を好みます。また、イタリアのファッションやデザインといえば、やはり暖色系の色を豊かに用いたカラフルなイメージが思い浮かぶでしょう。こんなところから、ラテン民族はビビッドな色彩が好きだという印象を持ちます。

これは、民族的な要素もあるかもしれませんが、大きくは、ラテン系人口の割合が多い国は赤道の近くに多いということに起因しているようです。赤道近辺に代々暮らす民族は、強い太陽光への耐性で皮膚が浅黒く、髪と目の色は黒か黒茶色、豊かな太陽光線を浴びて赤色視細胞（赤色視覚）が発達しています。そのため、彼らは赤を見ると歓喜し、性格は明るく外向的、衝動的で屈託がないといった傾向があるのです。

赤道に近い地域で育った人は目の赤色視細胞が発達していることは前項で触れましたが、光の強さを比較してみると、赤道近くのホノルルやカルカッタでは、北緯51度のロンドンと比べて2倍の強さ、赤道直下のケニアではロンドンの2・2倍の強さに達します。仮に、霧深くグレイッシュな色彩が支配するロンドンに、南国と同じくらいの光が注いでいたら、ラテンのりのイギリス人気質ができあがっていたかもしれません。また、フランスはラテン民族国家ですが、さほどビビッドカラー好きなイメージはありません。それは、南仏はともかく首都パリの緯度は48度と北海道よりも高く、日差しが強くないためともいえ、ひとえにラテン民族が強い色合いを好むとはいい切れないことがわかります。

フランスの印象派画家ゴーギャンは、パリから南太平洋のタヒチ島にアトリエを移して絵を描きました。タヒチで描いた人物画には、褐色の肌にビビッドな黄色やオレンジの腰布スタイルの女性が登場します。太陽の光の強い地域では、強い色で立ち向かわなければ生理的にも感覚的にもしぼんでしまうのでしょう。また、南国の色彩が芸術家に与えた強いインパクトを推察させられます。

8 黄色は尊い色か嫌われ色か

▼国によって異なる「高貴な色」

数ある色の中で、ある特定の「高貴な色」が存在する国は多いものです。たとえば国のシンボルである国旗に「赤」を使用している国の多くでは、赤が尊重される色です。赤い旗の代表旧ソ連では、まず共産主義の象徴として赤が尊ばれるように思われがちですが、そうではありません。ロシア語の「赤い」という言葉は「美しい」という言葉から派生しています。つまり、赤い色＝美しいという感覚があり、そこから赤が尊ばれるようになったのでしょう。「赤の広場」はもともと「美しい広場」だったのです。

ヨーロッパでは、王室や領主の紋章の色、教会のカラーなどによって左右されることが多いようですが、一般的には白や青が高貴とされています。カトリック教会最高司教であるローマ法王の礼装用の正式法衣は白。また、イギリス王室の色はロイヤルブルーです。これは、イギリスが海洋国家であり、7つの海を支配したことから海の色「青」を王室の色と定めたといわれます。英語でブルー・ブラッドというと、王家や貴族の血統のことをいいます。

映画『ラストエンペラー』では、最後の皇帝、愛新覚羅溥儀が、「中国には二人の皇帝がいる」と言われて「この黄色の服を着られるのは私だけだ！」と叫ぶシーンがありますが、中国では黄色は皇帝のシンボルカラーです。中国大陸を悠久に流れる河は黄河であり、地下泉を黄泉といいます。黄金につながり、太陽の色ともいえる黄色は、お隣の中国にとっては最高の色というわけです。

一方で、この黄色がヨーロッパでは蔑みの対象として忌み嫌われた歴史があり、貴族は身につけるのを嫌がったともいいますから、極端なものですね。ヨーロッパで黄色が嫌われるのは、キリストを裏切った弟子のユダが、黄色の衣服を着ていたからだという説があります。

日本における「高貴な色」といえば、「紫」です。ではいつ頃から、そしてなぜ紫が高貴な色になったのでしょう。きっかけとなったのは、飛鳥時代に定められた官位十二階だといわれています。聖徳太子が官史の官位を十二階に定めた時、階級を表わす冠の色を紫、赤、青、黄、緑、白の順（それぞれ濃淡で別階級）としました。そのため、高い位を表わした紫色が、高貴な色だとされるようになったのではないかということです。それは定着し、江戸時代以前の日本では「お禁色《とめいろ》」といって、庶民は紫を衣服に使ってはいけませんでした。

紫は、古代ローマ帝国でも皇帝の色として扱われました。これは染料にも理由があるようです。美しい紫を染めるのは難しく、古代紫はプリュミュウという軟体動物から採取されましたが、これが非常に貴重であったため、高い扱いをうけるようになったといわれています。

国によって、高貴とされる色も理由もさまざまです。

クリスマスの赤と戦いの赤

▼赤い色の意味

●キリストの赤

みなさんご存知のように、クリスマスはイエスキリストの誕生祝いです。キリスト教国では、クリスマスには街中も個人の家も、赤と緑でデコレーションされます。最近では日本でも、クリスマスにライトアップする個人の家が増えているようです。もともとこの赤は、キリスト教のシンボルカラーの、「カーディナル（枢機卿の意）レッド」に由来します。

なぜ〝カーディナル〟かというと、キリスト教において赤は、神の愛とキリストの贖罪の血を表わす色を象徴し、互いに矛盾する意味をもっている重要な色です。そこからキリスト教の祭礼の際に枢機卿たちが着る最も聖別された色として、赤が用いられるようになったためです。枢機卿はカトリック教会において教皇（ローマ法王）を補佐する最高幹部です。

緑色はというと、クリスマスツリーのもみの木を象徴しています。一年中緑を絶やさない生命力から、キリストの永遠の証として、緑が使われています。

また、サンタクロースの赤と白の服装の由来は、アメリカで、コカコーラ社が缶の色である赤と白の衣装をサンタクロースに着せたイラストを宣伝に使ったところ、それが世界中に普及したいう話が有名です。宣伝力の大きさともいえますが、もともとキリスト教の赤と雪の白の組み合わせがそのイメージにマッチしたからこそ、ここまで定着したと考えていいでしょう。

●軍神マルスの赤

国旗の項でも触れましたが、赤は生命の血や火を連想させ、最も激しく強力な色だといえます。そこで、戦いの色、勇気を鼓舞する色として、戦いの場に多く使われました。たとえば合図に使う旗の色として、赤は勝利、白は降参を意味しています。

ギリシャやローマでも、赤は軍神マルスのシンボルカラーとされ、ユリアス・シーザーはこのマルスにあやかり、ローマ軍隊の外套の色を赤に決めたといわれています。それ以来、赤は最も華やかな軍服の色となりましたが、一方で最も目立つ色でもあり、赤い服では標的になりやすいため、次第に実用としては使われなくなり、逆に目立たない色が使われるようになりました。現在は、周囲に溶け込みやすい迷彩色が主に採用されていますね。

そして近代に入ると、赤は濃厚な政治的な意味を持つことになります。発端は、１７９２年にフランスの民衆が反戒厳令のデモ行進に赤い旗を使用したことだといわれています。その後イタリア統一の闘士〝赤シャツ党〟や、ロシアの赤色革命のシンボルカラーとなり、共産主義をはじめとする反体制主義や思想を表わす色となりました。革命で勝ち取ったシンボルの表現としての「赤」となっていったのです。

日本人は青が大好き?

▼自然環境と好みの傾向

「十人十色」とは人の個性がそれぞれ違っていることを意味する言葉ですが、個人の色の好みにしてもさまざまで、まさに十人十色といえるでしょう。ビビッドな色は派手で品がないと決めつける人、常に渋い暗い色で身を包んでいる人、流行色を身につけていないと落ち着かない人……。しかし、そういったファッションやインテリアなど具体的なモノの色ではなく、〝色〟そのものの好みというのなら、日本人の好みにはある程度の傾向があるようです。

統計では、日本人の好きな色の第1位は、鮮やかな青です。次いで鮮やかな赤、明るい青緑、白といった順位になります。不思議なことに、この順位には長い間変動がみられません。この嗜好の傾向には、日本が島国であることと、国土の3分の2が山であることが大きく影響しているといわれます。海に囲まれ、川や湖、沼などが多いことから水色(青)が好まれ、水の色に映える白、そして山の緑と、国旗にも使われている日の丸の赤(太陽の赤)が日本人の潜在意識にあるのでしょう。つまり、日本人の好む色は、私たちを取り巻く自然の色のシンボルにあるといってもいいでしょう。

逆に嫌いな色は、ビビッドな黄や紫という結果が出ています。推測するに、鮮やかな黄色は、

私たち黄色人種の顔色を良く見せてくれないことがひとつの原因かもしれません。また、あまりにも活発な色なので、固くて真面目（かどうかは断言しかねますが）な日本人の気質に馴染まないといったところがあるのかもしれません。

紫については、前述したように日本では古来高貴な色として扱われてきたために、近寄り難いイメージであることが理由として考えられます。また、ファッションの世界からみると紫は「手強い色」で、なかなか着こなせない色でもあります。その意味で、紫が敬遠されるようになったとも考えられます。

しかし、時代とともに日本人の気質が変わったり、国際的なファッションが輸入されるようになってファッションのレベルが上がってくれば、黄色や紫が好きな色に逆転する可能性だって十分にあります。だから、十人十色で面白いのかもしれませんね。

日本人の感性と色

▼侘び・寂びの色

能装束の「雅《みやび》」に対する茶道の「侘《わ》び・寂《さ》び」。〃動と静〃の両極を受け入れることができる日本人の感性の豊かさは、世界に類を見ないという人もいます。この両極のもの、相反する美しさを私たちは普段の生活の中で受け入れており、しかもそれが苦ではなく自然体であるところが、外国の人を驚嘆させるようです。

世界の国々の親日派といわれる人々にとって、日本の色彩文化を理解し愛でることはできても、外国にいるかぎり日本との光の差異や、あるいは民族的な視細胞の違いなどはいかんともしがたく、日本人の感性を理解するには大変な努力がいるはずです。

日本人の色彩感覚が古い時代から豊かであったことは、さまざまな史跡や文献資料などから推測できます。１９７２年に奈良県の明日香村で発見された高松塚古墳壁画を見たときは驚きました。男女の人物群像が描かれているのですが、着物の色など彩りが鮮やかで、赤、青（群青）、緑、黄、赤褐色（オレンジ）、白などが使われているのです。これは色彩学的に置き換えると、色料の三原色（赤、青、黄）、色光の三原色（オレンジ、青、緑）、そして無彩色の白と一致します。しかも絶妙なバランスで配色されているのです。高松塚古墳がつくられたのは７

世紀末から8世紀初めと考えられていますが、この時代にすでに日本人の色に対する感覚が培われていたのでしょうか。

また、平安時代の貴族たちは、美しい着物を何枚も重ねて着、その色合わせを楽しんでいました。重ねた着物の色合わせ、また着物の表地と裏地の色の取り合わせを「襲《かさね》（重ね）の色目」といいますが、この一つ一つの取り合わせに、四季折々の植物や花の名前がつけられています（口絵参照）。それも春には表に蘇芳《すおう》裏赤花で「樺桜《かばざくら》」、秋には表は青糸と黄糸の平織、裏は青で「女郎花《おみなえし》」など、季節にちなんだ配色とネーミングをあてがっており、なんとも風雅です。

江戸初期の画家、狩野探幽の力作『新三十六歌仙』は、平安末期から鎌倉前期の著名な歌人を描いた絵で、十二単衣の図がトーングラデーションで美しく描かれています。日本画の「静」のなかにあるグラデーションの「動」が見事です。

このように、〝雅の動〟、〝侘び・寂びの静〟ばかりではなく、両極をつなぐ微妙な色彩の変化もキャッチできる日本人の色彩感覚は、確かにほかの国では見られないかもしれません。季節感が薄れ、日常生活が本来の自然から遠くなってしまいがちな現代ですが、古来からのこの貴重な感覚や感性を失うことのないようにしたいものです。

12 「青春」や「朱夏」といわれるわけ

▼陰陽五行説と五色の正色

占いや暦に関連して「陰陽道」という言葉を聞いたことがあるでしょう。陰陽五行説とは中国に起こった哲理で、紀元前一世紀、前漢の頃に成立されたといわれています。「一切の万物は陰と陽の二気によって生じ、木《もく》（陽）、火《か》（陽）、土《ど》（陽と陰の中間）、金《ごん》（陰）、水《すい》（陰）は地球上の基本的な構成をする五元素であり、人間が自然界で生活していく上で最も大切にしていかねばならないものである」という考え方です。この木、火、土、金、水を五気といい、五気の作用・働きを五行としています。

詳しくいうと、「木は火を生み、火は燃え土に還る。土の中にはさまざまな金属物が含まれ、水はその中を潜り、流れ、また木を育てる」という五行循環の思想で、これが基盤となって、方向や色、季節、人間の五臓（肝、心、脾《ひ》、肺、腎《じん》）など、さまざまな事象が考えられてきたのです。

色彩でみると、木は青、火は赤、土は黄となります。これは色彩学的に色料の三原色であり、混じり気がないということで尊ばれました。三原色を混色（混ぜ合わせる）ことにより、どのような色も作り出せることは1章でお話しした通りです。この3色に、白、黒を加えて、5色を正色としました。５色の中で、黄が天子の色とされ最高位を表わします。ちなみに「黄」は、五臓では脾、季節は土用です。

青は、季節では春、方位は東、臓は肝を表わします。春になると天子は青い衣に着替えて、東門から春の到来を祝ったとされます。そして、青は春と結びついて「青春」という言葉が生まれました。

赤（朱）は夏。朱夏という言葉はここからです。方位は南、臓は心臓です。天子に功績を認められた人は家の内を朱色に塗ることを許されました。そこから、朱門（赤門）とは、高位・高官の家を指す代名詞になっています。東京大学にある「赤門」は、もともと屋敷のあった加賀藩前田家が、将軍家から嫁を迎えるために建てたものです。

季節と方向だけに触れますと、白は秋と西、黒（玄）は冬と北を表わします。「北原白秋」や相撲の櫓《やぐら》の四隅に飾られた赤房、青房なども陰陽五行説に由来するものです。

古来から決まっているしきたりの色の不思議などは、この陰陽五行説を見るとわかることも多いのです。

■図７〈陰陽五行色体表〉

元素	気	色	方位	季節	五臓
木	陽	青	東	春	肝
火	陽	赤(朱)	南	夏	心
土	中間	黄	中央	土用	脾
金	陰	白	西	秋	肺
水	陰	黒(玄)	北	冬	腎

子どものアトリエ

週に一度、幼稚園や小学生の子どもたちと絵を描く「子どものアトリエ」を開いています。時々、本物（良い作品）を見せることが大切と思い、子どもたちを美術館に連れて行きます。「ちゃんと見てくれているのだろうか？」と少々心配をしながらも子どもたちを信じて美術館へと足を運びます。

先日、ダリ展を見ての帰り道、小学２年生の男の子が「ぼく、ミロの方が好き」とぽつりと感想を言うのには驚きと喜びでいっぱいでした。その子とミロを見たのは２年も前なのです。やはり子どもなりにちゃんと何かを感じていたのだと思いました。

私は子どもたちと一緒に鑑賞しても、聞かれない限り説明はしないことにしています。見る人の目線で感じ取れば十分、だと思うのです。それでも、回数を重ねるごとに鑑賞の密度が濃くなっているのがよくわかります。子どもたちの会話の中、そしてスケッチや写生に出かけてもそれは同じです。観察力がどんどん養われていきます。

「描く」ということは、集中力と興味の対象が、広く深くなることにつながります。小学生の低学年で２時間も写生や油彩に挑戦する子どもたちを見ていると、世間でいわれているような、集中力がないとか気力がないといった現代の子どもたちへの嘆きが嘘のようです。のびやかに育ってほしいと願いつつ子どもたちとわいわいやっているのが、このアトリエです。

Part 8

色と心理のおはなし

1

なぜ好きな色、嫌いな色があるのか

▼色と感情

食べ物には人によって好き嫌いがあります。嫌いな理由を聞いてみると「見た目で受けつけない」という食わず嫌いの人もいますが、「給食で無理矢理食べさせられて嫌だった」、「食べてお腹をこわしたことがある」など、嫌になる体験を経て嫌いになっていることが多いものです。その反対に好きな理由は、「お祝いごとのたびに必ず作ってくれた」とか、「好きな人に勧められ、食べてみたのがきっかけで好きになった」などなど、よい思い出と結びついていることが多いでしょう。

色の好き嫌いもまったく同じです。幼い頃に恐ろしい火事を体験したことから、赤や橙といった燃えるような色を受けつけなくなったとか、青い車にはねられてケガをしたので青が嫌いという人がいたりで、幼い時の経験がその後の色との関わりに影響してくるケースが多いものです。このような体験は、深層心理に深く刻み込まれているので、克服するのはなかなか困難です。逆に、好きになるきっかけというのは、赤いドレスを着たら「よく似合うね」と褒められたから赤が大好きになった、というような軽い理由であることが多いのです。

色の知覚は、第7章で述べたような文化、民族、地域性などが、私達の心理や生理に働きか

■図1〈色と感情の関係〉(日本色彩学会編「色彩科学ハンドブック」より)

属性種別		感情性質	色の例	感情の性質
色相	暖色	暖かい 積極的 活動的	赤	激情、怒り、歓喜、活力的、興奮
			黄赤	喜び、はしゃぎ、活発さ、元気
			黄	快活、明朗、愉快、活動的、元気
	中性色	中庸 平静 平凡	緑	安らぎ、くつろぎ、平静、若々しさ
			紫	厳粛、優婉(えん)、神秘、不安、優しさ
	寒色	冷たい 消極的 沈静的	青緑	安息、涼しさ、憂うつ
			青	落ち着き、淋しさ、悲哀、深遠、沈静
			青紫	神秘、崇高、孤独
明度	明	陽気 明朗	白	純粋、清々しさ
	中	落ち着き	灰	落ち着き、抑うつ
	暗	陰気 重厚	黒	陰うつ、不安、いかめしい
彩度	高	新鮮 はつらつ	朱	熱烈、激しさ、情熱
	中	くつろぎ 温和	ピンク	愛らしさ、優しさ
	低	渋味 落ち着き	赤	落ち着き

けて生まれるものです。さらに幼児体験や周りからの影響によって、色それぞれに個人的なイメージができあがるなど、さまざまな要因が複雑に絡み合って、色の好き嫌いが生まれてきます。好きな色、嫌いな色を聞いて、一般的な、あるいは総合的な一色一色のイメージだけでその人の心模様などを見ることは、不可能なのかもしれません。

しかし、長年の研究や統計の中から、色と感情の関係としておおよその傾向がいわれていることも確かです。参考として上図「色と感情の関係」をご覧ください。

次から、代表的な色の持つイメージや心理を挙げていきますが、好きな色のイメージが、そのまま自分の性格にあてはまるとは限らないということに注意してください。自分の性格の嫌いなところを補うために、それらの色を好んで使うということもあるからです。人の心理というのは複雑なものです。占いではないのですからあまり断定的にとらえず、色の心理を知ることで、無意識に自分が求めていることや、感じていることに気がつく糸口にでもなればいいと思います。

赤の心理

▼真紅、ピンク、臙脂色

「いつも赤が好き」というわけでなくても、買い物に行ったら無意識に赤い洋服ばかり手にとっていたとか、なんとなく赤に惹かれるという気分の時がないでしょうか。それは、赤い色が持つイメージや心理的要素に関係があるかもしれません。赤い色は、どんな心理状態を映し出しているのか見ていきたいと思います。

恵まれた幸福な人生を、「バラ色の人生」といいます。そんな時、思い浮かべるのは何色のバラですか？　考えてみればバラの花にもいろいろな色があるのに、なぜか「バラ色の人生」といえば誰しも「赤いバラ」をイメージすることでしょう。それほど「赤」は私たちにプラスのイメージが大きいことの証明ですね。

赤は、太陽や火や血のイメージと重ね合わさって、命のエネルギーの源、強い生命力を感じさせます。元気がない時、また、気持ちが弱っている時などには、赤い色で元気づけられる効果が得られるでしょう。

また、熱い炎のイメージから、情熱や愛情も感じさせます。赤い色にほっとするというのは、そこから愛情の温もりを感じているのかもしれません。自分の気持ちを花などに託して贈るときも、赤い花なら愛情を強く訴えることができます。

また、暖色の中でも赤はとくに気持ちを活性化させる効果があります。うっとうしい雨が続き憂鬱な時など、赤系の服を着て出社してみたら、能率が上がり職場が活気づくこと請け合いです。

一言で〝赤〟といってもさまざまです。明るい赤から暗い赤までのトーンの違いと、それによる心理の変化を見ると、色彩と心理の関係が読めてきます。

・パステルトーン（ピンク）……幸福、解放感、やすらぎ
・ビビッドトーン（真紅）………アクティブ、自己主張、情熱、エネルギー
・ダークトーン（ボルドー）……不完全燃焼、葛藤、熟成

原色の赤（マゼンタ）からは「アクティブ」などの言葉を連想させるエネルギーが発散されています。積極的な気分の時には、カーマインのようなビビッドな赤がしっくりくるでしょう。さらに解放的な気分になると、明度の高いピンクへ。ピンクは赤に白に加えて生まれる色です。透明感のある澄んだ色であり、解放的な気分の時はこのような透明感のある色に引き付けられます。逆にダークトーンのボルドーや臙脂《えんじ》色は、赤に黒やグレーを加えて生まれる色です。葛藤、熟成などの心理状態と重なります。「赤」にもさまざまな心理的要素が含まれていることがおわかりでしょう。

3 橙の心理

▼肌色、ベージュ、茶色

太陽を色の言葉で表わす時には、「真っ赤な太陽」というように赤を当てます。しかし、同じ太陽でも、昇る時、真昼、そして沈む時ではそれぞれ様子が違います。ですから、太陽は最低でも3色に見えて不思議ではありません。実際はもっと微妙に変化しているのに、私たちの目では感じ取ることができないのです。

山の頂上から、雲海の向こうに昇る御来光を仰いだことがありますか？　威厳に満ちた大きな太陽が寂々と青空へ昇るさまは一度見たら忘れられない美しさです。御来光といっても、昇る朝日の色は強い光を放たず、「赤い」という感覚とは異なります。むしろ、橙色というのが一番近いでしょう。フランスの画家モネは、1874年に「印象・日の出」という作品を発表しました。その後画壇を賑わす「印象派」の元となった作品ですが、グレーに煙る港の向こうに、まさに橙色に昇る朝日が描かれています。

また橙色は、皇太子が礼服として着用する黄丹袍《おうにのほう》の色に重なります。黄丹は一般人の着用が禁じられた禁色でした。昔の人は、たぶん昇る朝日に権力の象徴を見たのでしょう。

しかし、なんとなく橙色は庶民的な色、身近な色に感じられませんか？　それは多分、日本

■図2〈明度で変わってくる心理〉

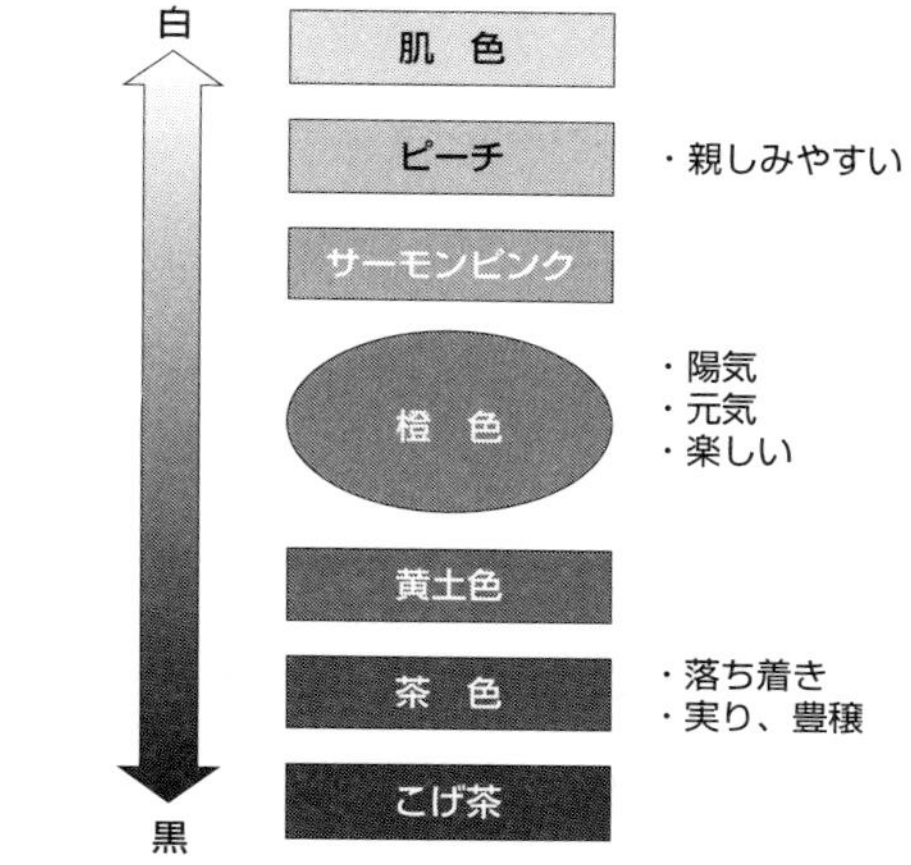

人の肌の色がこの橙に近似しているからに違いありません。絵の具で白を加えていくと、サーモンピンクからピーチ、ベージュ、そして私たちの肌色へと変化し、親しみやすさが増していきます。

橙色は庶民的なイメージを持つと同時に、「陽気」、「元気」、「楽しい」といった明るい陽性の心理状態を反映します。しかし、橙は赤と黄色の中間の色ですから、それらのイメージも赤ほど激しくなく、黄色ほど陽気ではなく、心理的に見てもちょうど中間といえる曖昧な働きがあります。

橙色に黒を加えれば、黄土色から茶色、こげ茶に変わっていきます。黒を加えた色のバリエーションは秋の色、落ち着いた日本人好みの色といえます。物想いにふけりたい時に引かれる色でしょう。また、実り、豊穣のイメージもあります。

ファッションで落ち着いた感じを出したい時は、黒を混ぜた橙色を使うのが効果的ですが、ほとんどの日本人は顔色がすぐれなく見えてしまうのでご用心。反対に白を加えた色目は、親しみやすく庶民的なイメージを出すことができます。

黄色の心理

▼レモンイエロー、キャメル、オリーブ

『菜の花の沖』を著わし、菜の花をこよなく愛した作家、司馬遼太郎さんは黄色がお好きだったのでしょうか。黄色が持つイメージは、「明るい」「快活」「陽気」「希望」。光にたとえられる色ということもあり、前向きで、輝いている感じがします。

強い黄色は、燦々と降り注ぐ太陽の下で咲くひまわりの花を連想させます。『ひまわり』という題のイタリア映画をご存じでしょうか。第2次世界大戦中のロシアで消息不明になった夫を探して旅をするヒロインの心情を、太陽に向けて光を求めるひまわりの姿に重ねたストーリーです。ヒロインを演じたソフィアローレンの、あの情熱的な印象を抱かせる容姿も手伝って、その演出に脱帽したものでした。希望を求めて旅する姿が今も目に焼きついて離れません。

邦画にも『幸福の黄色いハンカチ』という映画があります。夫の出所を待つ妻が黄色のハンカチを庭になびかせて待つシーンが非常に感動的でした。黄色には、「よいこと」や「幸せ」といったイメージがあります。なおこの映画は、実話に基づいて作られた『幸せの黄色いリボン（Tie a Yellow Ribbon Round the Ole Oak Tree)』という歌に沿って作られました。刑務所から出た男が離婚した妻に、「もしまだ僕のことを必要としてくれるのなら、あの樫の枝に

黄色いリボンを結んでおいてくれ」という手紙を宛て、男が妻の家に立ち寄ると黄色いリボンがなびいていたという話です。「幸せの色は？」と聞かれて、黄色と答える人の中には、おそらく、この映画と歌が影響している人が多いのではないでしょうか。

また「後光が射す」という言葉があります。やはり明るい光の輝きは黄色なのですね。そんなところからも、黄色は未来への希望を託す色といえます。黄色を好んで身につけるような時は、希望に満ちている時、または希望を求めている時なのかもしれません。

余談ですが、私にとって黄色は「魔法の色」でもあります。黄色に黒を入れるとグレイッシュな（渋い色）黄グリーンに、さらに黒を加えていくと、オリーブグリーンへと変身します。それを、私の教室で学ぶ新しい生徒さんたちに見せると、一様に皆が「えーっ、知らなかった！」と感嘆の声をあげて驚くからです。黄色以外の色に黒を加えても、その変化は想像の範囲内なのですが、なぜか黄色は、黒との混色を想像しにくいのです。このオリーブ色は、黄色とは似ても似つかぬ暗いイメージになるので不思議です。ぜひ、一度試してみてください。

緑の心理

▼萌黄、スペアミントグリーン、エメラルドグリーン

春の花の代表、桜が散ると、野山の緑が一斉に活気づきます。木々の芽の柔らかそうな黄緑色のことを「萌黄《もえぎ》」と呼びますが、「萌木」という字を当てたくなりますね。樹木の種類によって芽吹く緑の色は微妙に異なり、さまざまな緑色のグラデーションが山を覆う姿の美しさは、言葉に尽くせません。春霞が緑を覆うさまもまた幻想的で美しく、淡く、白を多く含んだ緑が繊細な色合いを醸し出しています。そして夏が近づくにつれ、新緑から深緑へと変化していきます。

このような自然の緑の変化を見ていると、何か母親の深い愛情にも似た安堵感を覚えます。緑は、「安らぎ」、「穏やかさ」、「やさしい気持ち」、「健康」といったイメージを連想させるのもそのためでしょう。

緑が持つ健康というイメージは、緑色を代表する植物の生命力からきているでしょう。一年中緑を絶やさない杉や松は、力強さを感じさせます。また、しなやかな竹は、しっかり根を張り雪の重みにも負けません。松、竹がおめでたい時に使われるのはそのためでしょうか。おめでたいことが恒常的に続くようにとの願いを込めて「常緑の松」、悪いことをはね返すような

しなやかで丈夫なことを意味して「黄緑（竹色）の竹」という言葉が生まれたのです。

緑色は、白みが加わると「爽やかさ」が強くなります。スペアミントグリーンは、ハーブの名前からとった色の名称ですが、ハーブのすっとした香りを連想させ、名前を聞いただけでもさわやかさが伝わってきます。また、青みが加わったエメラルドグリーンは宝石の名で、緑の中でもひときわ輝く色です。そして、濃い森林の緑は「休息」や「慰安」のイメージです。緑の木々の中に立つと、自然と深呼吸がしたくなるでしょう。

オフィスや病室に限らず、生花や緑の植物が部屋にあるとほっとします。緑を求める気分の時は、リフレッシュが必要だったり、潤いや安らぎを求めている時かもしれません。緑は私たちに〝潤い〟を与えてくれる大切な色なのです。

また、緑は若さや未熟であることをいう色でもあります。青二才、青リンゴなど、言葉としては「青」を使っていますが、青と緑は昔から「青々とした緑」などと混同されて使われており、これらの言葉は実際には緑を指しているといえます。3歳くらいまでの子供を、「みどりご」といったりもします。

青の心理

▼ベビーブルー、水色(空色)、紺

さわやかな空の色、といったイメージのある青ですが、「ブルーな気分」とか「マタニティブルー」などというように、気持ちがふさぎ込む時にもブルーが登場します。「青天」や「青春」とは似ても似つかぬ心模様として使われます。なぜでしょうか。

落ち込んでふさいでいたり、孤独に打ちひしがれている時には、私たちの心は深い海の濃い色や、天高い紺碧のブルーへ移ります。海や天を求め、それに従って寂しさや孤独から脱し、明るさへと向かうという効果があります。

青の心理には、抑圧のブルーというものがあります。「静」という文字に青が使われているように、何か静的なイメージがあります。一方、青に白を多く混ぜていくと、抑圧のブルーから寂しさや孤独が薄れ、心が晴れ、安堵感を感じさせるベビーブルーに変化していきます。

青の心理にはこのほかにも、高い志のブルー、理性、誠実のブルーが挙げられます。誠実のブルーといえば紺に近い色でしょうか。学校の制服、リクルートスーツ、ビジネススーツと、社会で紺の服はたいへんよく使われます。

紺や青は、白との組み合わせで、さらに「清潔」「潔白」といったプラスイメージが加わり

ます。紺のセーラーカラーに白いラインが入ったマリンルックはまさにこの組み合わせで、青のみでは海の青に飲み込まれてしまいますが、白を加えることでリズムが生まれ、青が「静」から「動」へと変身するのです。制服やスーツでも、紺のみでは堅く重すぎて、相手に過度な緊張感を与えてしまう恐れがあります。明るめの淡い色を合わせると、緩和されて柔らかさが出るでしょう。

青は黒ほど対照性が強くなく、周囲の色に溶け込みやすいうえ、私たち日本人の顔色に映える色ですから、使われる場面も多くなります。しかし一方で、主張が弱く、個性を埋没する色でもあります。青を用いるときは、合わせるスパイス色で個性を出すことになりますが、むしろスパイス色の方が、心理を象徴しているかもしれません。

また、寒色の代表でもある青は、水などから連想するその冷たさから、冷静な、知的な、自制心があるといったイメージもあります。青を求める時は、冷静さや自制心の欠如を感じている時ともいえます。赤の動や生、興奮といったイメージとは対照的です。

紫の心理

▼すみれ色、藤色、京紫、ワインレッド

さて、「あなたが官能的にしびれる色を次の中から3色選びなさい」という設問に対して、男性のあなたなら一番に何色を挙げますか？　女性のあなたは？

a、清々しい白　　　f、落ち着いた茶色
b、上品な赤紫　　　g、可憐なすみれ色
c、ロマンチックな空色　　　h、さわやかな緑色
d、あでやかな紫　　　i、燃えるような赤
e、可愛らしいピンク　　　g、シックな黒

この問いで多かったのは、以下のような回答です。

男性…e，b，i（ピンク、赤紫、赤）
女性…g，b，c（すみれ色、赤紫、空色）

男女ともに赤紫が多く挙がりました。それから男性はピンクと赤を、女性はうす紫に空色と答えた人が多かったわけです。圧倒的に紫系に偏っていることがわかります。「官能的」といって、紫または紫に近い色に惹かれるところをみると、紫はどこか危険な香りのする色なので

しょうか。日本では最も高貴な色とされている紫がそんな艶めかしい色であるとすると、何だかおかしいですね。

7章でもお話ししたように、禁色である紫は庶民の手の届かない色でした。禁色であったことから、紫は滅多に起きてはならないこと、近親相姦や不倫の象徴として使われるようになりました。『源氏物語』でも、不義密通をする光源氏の相手は、紫の上、藤壷など紫に重なります。芝木好子の小説『貝紫幻想』も、貝紫研究所の学者と姪の近親相姦をモチーフにしています。こういったことから、紫の艶かしいイメージが生まれてきたのでしょう。

また、紫は情緒不安定な心理状態も表わします。紫は中間色で、絵の具では赤と青を混ぜると紫ができます。赤が情熱を感じさせ、青が孤独の色、そんな二つの心理が混ざりあった微妙な心模様が、紫を引き寄せるのかもしれません。ワインレッド（ボルドー）も紫系の色ですが、映画やドラマの中で、グラスの中で揺れる赤ワインが、登場人物の不安定な心情を表現する小道具としてしばしば使われるのも、納得がいきます。

また紫は、「不安」や「ストレス」「不健康」というマイナスイメージも持っています。紫色でも、青の分量が少なく赤に近寄ると、心は次第に健康になり、幸福な状態に向かいます。紫に惹かれる時は心が揺れる時。あなたはどのような心の揺れに紫を求めるのでしょう。

8 無彩色（モノトーン）の心理

▼白、黒、グレー（灰色）

最近子どものアトリエにやってくるようになった小学2年生の男の子が、画用紙一面に大小の黒い目を描き、「先生、もう描いた」と報告に来ました。

「A君、どうして目だけなの？」と聞くと、「ん、もう描きたくないんだよ」と答えます。

そのことをお母さんに伝えたら、原因は〝引っ越し〟にあることがわかりました。Aくんはまだこの町に越してきたばかり。近所でも学校でも、皆がA君に注目します。そこで、ストレスが「黒い目」となり、絵に表われてSOSを送ってきたのです。皆から向けられる好奇の目への恐怖と、独りぼっちの寂しさとが、A君に黒の絵の具へと手を伸ばさせたのでしょう。

黒を白と対比してみると、黒は負のイメージが強くなります。生と死、光と闇、陰と陽……。白星は勝ち、黒星は負け。容疑者を指して「あいつはシロ（無実）だ」「いやクロ（犯人）だ」という使い方もします。天使は白、悪魔は黒の服を着ている絵もよく見かけます。結婚式の白に対し、黒は葬式です。黒は「コンプレックス」、「葛藤」、「反抗」、「不吉」、「死」といった言葉を引き出すのに十分な色です。マイナスの心理状態の時、黒を求めたくなります。

白は、結婚式の白無垢やウェディングドレス、完成式典などの白いベールというように、新しい希望に満ちたセレモニーの一コマに登場します。「汚れのない」、「清らかな」、「真新しい」、「希望」といった未来志向のイメージが強く、明るさ、軽さを代表します。

光の三原色（赤、青、緑）を集光すると白に、色料の三原色（赤、青、黄）は、混ぜると黒に近づくことからも、二つは対極にあることがわかります。では、白と黒の中間の色、グレーはどうでしょうか。「迷い」、「諦め」、「ごまかし」、「人間不信」などネガティブなものから、「大人の色」、「複雑」、「安定」という少しポジティブな言葉も出てきます。白に近いグレーから黒に近いグレーまで、幅の広さが物語っているのかもしれません。「迷い」や「人間不信」といったイメージは、「グレーゾーン」などというように、白と黒の境界線がはっきりしない曖昧さがそうさせるのでしょう。気持ちが定まらず迷いがあるときは、グレーが落ち着きます。

また、「安定」などは、一見「迷い」とは逆のイメージのようですが、白も黒も同時に含んだ、柔らかく大らかなイメージともいえるのです。大らかさは、すべてを許容する大人のイメージとも結びつきます。ライトグレーの壁のオフィスが多いのは、こんなところにも理由があったのです。すべての色彩をのみこみ、安心させてくれるというわけです。

無彩色（モノトーン）は静の色、沈黙の色であると同時に、自由な想像を与える無限の色であり、色と色を調和させる色でもあります。人と人の仲を取り持つ「大人の中の大人」。やはり無彩色は大人の色に間違いありません。

やさしい色、やさしい気持ち

▼母と子の色彩関係

産着の色は今も昔も変わらず男の子は水色、女の子はピンクと相場が決まっています。私も若い頃は面白みに欠けるなと思っていました。しかし、いざ自分が子どもを産んでみると色鮮やかな赤や青、そして黒っぽい色で赤ちゃんを包む気にはなりませんでした。原色やその組み合わせだと、赤ちゃんがなぜかクチャクチャに壊れてしまいそうな気がするから不思議です。赤ちゃんにはやはり、やさしい色が相応しいのです。

パステル調でまとめた服装は、「かわいい」、「愛しい」、「やさしい」という形容詞がぴったりですね。原色調だと「かっこいい」、「強い」、「元気」と、パステル調とは対照的です。「かっこいい」とは子供へというよりもどちらかというと大人への誉め言葉ではないでしょうか。「強い」とか「元気」というのは、いいイメージですが、繊細な感じはしません。

子どもの細やかな情緒を育てたいなら、小さいうちはやさしい色の環境で育てた方がいいようです。強い色は、放っておいても勝手に目に飛び込んできます。淡くやさしい色を認識するのは、強い色を認識することより慣れや努力が必要ですから、意識して周りに置いてあげることです。それが、成長してからの豊かな色彩感覚にもつながります。強い色は自我が芽生えてから与えても遅くはありません。味覚を鋭敏に育てるには、小さいうちに濃い味付けのものを与えないようにするというのと同じですね。

学校帰りに道草を食って花を摘んだりすることも大事です。大人からみると価値のない雑草でも、子供にとっては大発見なのです。〝気づく目〟を摘まないように育てていけば、きっと色彩感覚が豊かな大人になります。「かっこいいから」と、母親とペア・ルックの黒づくめのファッションをさせていては、子供の〝色〟に対する興味の芽を摘むだけなく、細やかな情緒を育てる芽も摘んでしまいます。

黒、グレー、白などモノトーン（無彩色）ファッションの好きなご両親も、子供と接する時だけでもやさしい色を身につけるように心掛けてみましょう。とくに黒は授乳期の赤ちゃんには刺激が強くツライ色です。授乳期の赤ちゃんには、お母さんのおっぱいの肌色に近い、やさしく明るい色が自然な色で、そういった色に包まれていると安心できます。保育園や幼稚園の園舎や遊具の色彩環境は、やさしい色を中心に設定されているはずです。保母さんには、勤務中のみやさしい色調の服装に着替えている人もいるくらいです。

色彩感覚を培う時期としては、高校を卒業する18歳までが勝負といわれています。そうなると、毎日同じ紺や黒の制服を着て通学することは、色彩感覚、ひいては情緒を豊かにする教育からは反しているかもしれませんね。それを補うように、偏らず、たくさんの色を使えるように導いてあげたいものです。

スポーツにおける心理効果

▼〝強い色〟は存在するか

●グラウンドを駆ける赤い足、白い足

真っ赤なハイソックスのフランスチームが5対0で日本チームを破り、2001年初戦を白星で飾ったサッカーの試合を見ていました。「日本、シュート！」というアナウンスに「ヤッター?」とばかり目を見張るのですが、残念、なかなか決まりません。時間が経つにつれ、日本の選手の白いハイソックスは汚れてどんどん重そうな灰色へと変化していきます。一方フランスチームの真っ赤な足は最後まで疲れ知らず。元気で強靭な足に見えてくるのでした。

いつもユニホームの色が気になってしまうスポーツ観戦、今回はフランスチームは上から青、白、赤のフレンチ・トリコロール、日本はアウェイ用の白、青、白の組み合わせでした。似たような配色ではありましたが、色の使い方と使う分量で、チームの印象や相手チームに与える心理的な影響が変わってきま

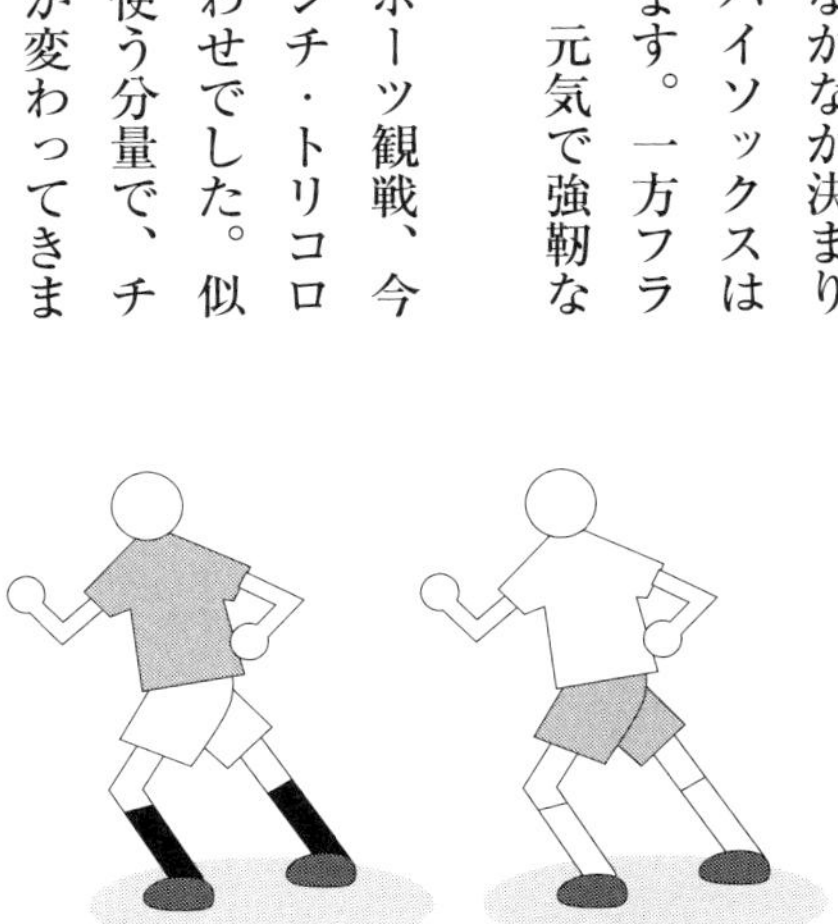

す。フランス勢の赤いソックスには、足が強く見える効果がありました。実は日本チームのソックスにも赤い色が使われていたのですが、アクセント程度の少量で、あまり目立たなかったのです。

「強い」イメージの強い色は、やはり赤、そして黒です。かつてこの2色を効果的に使ったドリンク剤のコマーシャルがありました。片方は真っ赤、片方は真っ黒な出立ちの大群集が双方からすごい勢いでこちらに迫ってくるという映像で、見ていると押しつぶされそうな気持ちになったのを思い出します。非常に強さとインパクトがあり、ドリンク剤のコマーシャルとしては十分効果的だったでしょう。舞台背景は中国大陸で、10億とも12億ともいう民があの勢いで攻めてきたら、どんな強者もいちころだろうという想像までかきたてるほど強烈だったことは確かです。

赤には強く見える印象効果があるだけでなく、選手たちに発奮効果ももたらします。古い話で恐縮ですが、広島カープは〝赤ヘル軍団〟になった年、見事に優勝しました。もちろん、勝敗のゆくえは常に色の効用とはいいませんが、上手に使えばプラスに働き、「色も力なり」といえるかもしれません。

●カラー道着はなぜ青が採用された？

色が物議をかもしたスポーツといえば、オリンピックの柔道でしょう。「日本のお家芸」だった柔道は、いまでは立派な国際的なスポーツになりました。日本ではその伝統の白い道着にこだわりましたが、判定をしやすくするためにカラー道着の導入が図られたわけです。2000年のシドニーオリンピックでは、初めて青い道着が用いられました。

青い道着は、どうだったでしょう。白を着ている選手に比べて、いくぶん小柄に見えてしまう錯覚があったように思います。それで相手を油断させられれば効果的ともいえますが。しかし、選手が勝手に好きな色を着ていいことになると、これもまたたまりません。色の心理効果を駆使し、〝勝てる色〟の柔道着を個々に着るようになって試合の前に〝色合戦〟が始まってしまうかも。そんなわけで、色の中でも一番人を興奮させたり、激情的にならない「青」を白の対極として使ったのだと思います。

柔道は段を重ねると黒帯になりますが、この黒は強さ、威厳の象徴として効果的に表われています。白と組むといつもマイナスのイメージを背負わされる黒ですが、強いイメージは断然黒の方が優っていますね。

Part 9

日本の伝統色

自然の彩りから生まれた豊かな色彩

▼伝統の慣用色名を知る

雨の多い日本では、小糠雨、霧雨、菜種雨など「雨」を表現する言葉がたくさん生まれたように、色彩についても、四季の彩り豊かな自然環境によって、日本独自の感覚が育てられてきました。7章でも見てきたように、色の見え方は地域によって違います。空気も土も乾いているヨーロッパ、強い太陽光線の降り注ぐ赤道付近の国々、植物の種類が限られた亜寒帯以北の地域と比べて、日本はまさに自然の色に恵まれた国といえるでしょう。

日本の伝統色といわれて、どんな色を想像するでしょうか。臙脂《えんじ》色、藍色、芥子《けし》色、鼠色……?　少しグレイッシュで、渋みのある色彩が浮かんでくるでしょうか。

日本の伝統色は色彩の豊かさにも感嘆させられますが、色彩にも劣らない色名の豊かな表現には脱帽します。

草花や動物など自然のものから上手に色を探し出して呼び表わしているため、漢字名からおおよその色のイメージが湧いてきます。私達の生活に根ざした慣用色名というわけです。人工色があふれる現代では、ピンク色は珊瑚色や桜貝、黄色はたんぽぽ色や水仙、地味なグレーでも鳩羽色や、土龍《もぐら》色などと呼ばれると新鮮に聞こえ、それらの色が新しく生まれ変わったかのように感じられ、色への関心が呼び起こされます。遥かいにしえから色を編んでこられた先達者に、畏敬の念を覚えずにいられません。

高貴な色、雅な色、そして侘《わ》び、寂《さ》び、それぞれの時代が放つ究極の文化が、色であると私は考えています。自然に学び、自然に模し、自然に溶け込むために、数え切れないほどの色が誕生し、生活とともに伝わってきたのです。以下では、そんな日本の伝統色の中より身近な色をいくつか挙げて、解説してみましょう。

ⓐ 藍／あい

瓶覗

水浅葱

浅葱

浅縹

縹

紺

褐色

藍鼠

「虹は何色ですか？」と尋ねると、皆さん決まったように「七色」と答えます。では、赤から順に7色を言えるでしょうか。

「赤、橙、黄、緑、青……紫、あれ？」

このように、青と紫の間の色、「藍」は、ほとんどの人が答えられません。

「ヒントをあげましょう。暖簾《のれん》の色です」

というと、思い出すようです。実はこれは、私の教える学校で、新学期を迎えた最初の色彩学の授業風景です。

暖簾といっても、今日ではさまざまな色のものがありますが、それでも「藍」は暖簾の代表色、私たちの生活にすっかり馴染んでいるといっても過言ではありません。

藍染めの歴史は古く、中国から朝鮮を経て飛鳥時代には日本にも染色法が伝わっていたといわれています。そして藍染めの文化は江戸時代に花開き、農民の野良着から職人の作業着、武士の着物、暖簾、女性の眉墨、歌舞伎の衣装、浮世絵に至るまで、藍があらゆ

る分野に浸透しました。

その理由のひとつは、木綿との相性の良さです。藍染の木綿は、洗えば洗うほど藍の〝味〟が出てきます。藍染めは美しさばかりでなく、藍は蚊などの虫除けとして薬用の効果もあり、蚊帳《かや》なども藍で染められています。藍のかくれた効用ですね。また、藍はアセモも防ぐといわれています。職人さんの作業服や野良着、そして浴衣に藍染を使ったのには、そんな藍の効果を知っていた昔からの知恵が手伝っていたのです。

藍は染め方によって、さまざまな美しい濃淡が現われるのも愛された理由のひとつです。

藍瓶をほんの一回だけくぐらせたような薄い青は瓶覗《かめのぞき》、そこから水浅葱《みずあさぎ》、浅葱、浅縹《あさはなだ》、縹、藍、紺、褐色《かちいろ》、藍鼠《あいねず》…というようにだんだん濃くなっていき、それぞれ異なる名前がつけられています。透明感のある明るい色から吸い込まれそうに深く濃い色まで、微妙な青色の階調が、日本人の色彩感覚を育み、美しい色名とともに私たちの生活になくてはならない「生活の色」として定着したのです。

ⓑ新橋色

新橋色なんて、名前を聞いただけではちょっと色の想像がしにくいですね。これは科学染料による鮮やかなビビッドブルーのことで、浅葱色に近い青色になります。でも、なぜこの色に新橋という地名がついたのでしょうか。

大正時代、花柳界としての伝統をほこる柳橋（東京都台東区、JR浅草橋駅の東側付近）に対して、新興の新橋はハイカラで進歩的な雰囲気があり、芸者の装いにも洋風のものが好まれたといいます。輸入された合成染料によって初めて出た鮮明なブルーはそんな新橋の芸者の間で人気を得て流行し、この名前がつけられました。この色はやがて大正モダニズムの流行に取り入れられ、和装の色として一般にも愛用されるようになりました。

ⓒ朱／しゅ（ジャパニーズレッド）

オレンジががった赤、朱色は日本を代表する赤色です。朱色は、漆の色です。伊勢神宮や安芸の宮島、厳島神社など日本古来の神社の社殿や鳥居のほとんどに、この朱色が使われています。それは、漆には防腐効果があるため、木造建築の柱の塗装に適していたからです。

もちろんそれだけでなく、朱色は太陽の赤に最も近い色として、象徴的な意味も込めて神聖な場所とされる場所に用いられたのではないでしょうか。

古代の遺跡や古墳からは、朱色で彩色された柩や朱土が発掘されています。これは、赤という色に永遠の生命力や魔除けなど呪術的な意味が込められていたためだといわれています。

また朱は、工芸品などにも多く用いられ、とくに朱塗りの漆はつやつやと輝く朱色が美しく、海外でも人気です。ですから「ジャパニーズ・レッド」といえば朱色を指すほどです。正月のお重に代表されるように、朱は祝いの色でもあります。

古代の日本では赤といえばこの朱色を指しました。書道における「赤入れ」は朱墨で行なわれることの名残か、現在でも、採点や訂正の際に使われる赤鉛筆というと、いわゆる赤ではなく朱色のものが売られています。

ⓓ緋色／ひいろ・緋／あけ

朱色と緋色の違いを説明できますか？　緋色は朱色よりも少し赤み（紅より）が強く、茜という植物の根で染めた鮮やかな赤色を指します。鮮烈な色みから「火色」とも書かれた色です。「燃えるような」緋色はその激しさの象徴として、戦国武将たちの鎧の縅《おどし》や陣羽織などに愛用されました。現在でも緋毛氈《ひもうせん》をはじめ、神社の巫女の袴などにこの伝統色を見ることができます。また、万葉や平安の歌人たちは、この美しい色に特別な心情をこめ、緋色の「ひ」にかけて秘めた想いや叶わぬ恋などを重ねて詠んでいます。

英色名ではスカーレットにあたります。映画『風と共に去りぬ』のヒロイン、ビビアン・リー演じるスカーレット・オハラの激しいまでにいとおしい生き方に、色の名前が重なるような気がします。また、強い情念を持つ女性を描いた『緋文字（スカーレット・レター）』という小説があります。洋の東西を問わず、人は緋色に燃えるような激しさを感じるのでしょうか。

ⓔ紅／べに・くれない

ルージュを漢字に置き換えたら「口紅」。昔は紅色一色の濃淡で唇の化粧を楽しんでいたのでしょう。現在でも「べに」と聞けば、男女を問わず口紅をイメージするに違いありません。

この紅色は、紅花を染料として染められた赤で、とても高価な色でし

た。飛鳥時代から平安時代にかけて、紅花は同じ目方の金に相当するほど希少で高価だったといわれています。そのため長い間特権階級の色とされ、とくに濃く染めた紅「真紅《しんく》」は高貴な身分の人しか身につけることが許されませんでした。

また紅花染は鮮やかな反面、退色しやすいところから、移り気な愛情にたとえて表現されるなど、多様な恋心の象徴として使われていたともいわれています。紅色が、「艶」の表現に一役かっていたのです。今日でも、真紅のバラに恋心を託して贈る人も多いことでしょう。

ⓕ 桜色／さくらいろ

名前のとおり、桜の花のようにほんのりと薄いピンク色のことです。紅花染めのごく薄い色であり、さらに淡い桜色は薄桜、あるいは薄花桜といいます。実際のソメイヨシノの花は、この薄い桜色に近い色をしていますが、群れで咲いていると勢いがあり濃く見えるので、実際の花の色より濃い色を桜色としたのでしょう。

この色は、男も女も、赤ちゃんから老人まで、肌を美しくみずみずしく見せてくれる効果があります。平安時代の貴族の着物の色合わせ「襲《かさね》の色目」でも愛された色です。万葉の昔から続く日本人の桜を愛でる気持ちは、この先も変わらずに受け継がれていくことでしょう。

g 黄丹／おうに、おうたん

"丹《に》"とは赤い土の意味で、黄丹は黄と赤を混ぜた色のことです。朱色に近い華やかな赤橙色を指します。

なかなか目にする機会は少ないのですが、皇太子が着用する礼服の色にあたります。この起源は8世紀にまで溯ります。当時出された「衣服令」で、黄丹は天子が身につける白に次ぐ色、つまり皇太子の色として定められました。この華やかな赤橙色が曙の太陽を象徴し、やがて最高位にのぼる皇太子の地位を表わすものとされたのです。

染め方としても、梔子《くちなし》の黄色で下染めしたうえに紅花を染める、という非常に手間とお金のかかるものでした。

h 琥珀／こはく

熟成したウィスキーを形容する場合などによく使われる琥珀色。透明感のある美しい響きが感じられます。

琥珀は、古代の樹脂類が地中に埋没して化石化したものです。透明または半透明で、飴色に似た黄色から黄褐色をしており、宝石として古くから珍重されています。価値の高い琥珀には、樹脂を求めてそのまま閉じこめられてしまった昆虫（蝶やとんぼなど）が入っています。また、琥珀には、身につけると幸運を招くといういわれがあります。

ⓘ 梔子色・支子色／くちなしいろ

くちなしといえば、はしり梅雨の頃に咲くよい香りの白い花ですが、梔子色はくちなしの花の色とは違います。くちなしの花は白い色をしてますが、梔子色はその実で染めた黄色い色のことです。明るく優しい黄色を指し、現在では栗きんとんなど食品の着色料として使われています。

「くちなし」という名は、実が熟しても果皮が裂けず、固く口を閉ざしたままであることから名づけられ、一時は「口無し」とも表わされました。ここから、この色を「謂《い》わぬ色」ともいいます。

ⓙ 刈安／かりやす

八丈島特産の黄八丈の色です。一般庶民の衣服の色として、とくに江戸の町娘に絶大な人気がありました。刈安はススキに似た多年草の植物で、大量に自生し、刈り取りやすいことからこの名がつけられたといわれています。黄八丈は、この刈安で染められたものです。

ⓚ 松葉色／まつばいろ

一年中緑を絶やさない常緑樹は、昔から永遠不滅のシンボルとされてきました。なかでも松はおめでたい木とされ、現在でも正月の門松に使われたり、松竹梅ではもっとも高いランクになっています。松葉の新芽が天に向かって真っ直ぐすらりと伸びる様子に、新しい門出の姿を見出したのでしょう。

松葉色は、新芽の松葉より少しくすんだ濃いめの緑色です。屏風絵や能舞台に描かれている松にこの色が使われています。平安時代の着物で、松葉色と紫を重ねる松重ねは、芽生えの葉をイメージしたもので、若い女性がとくに祝いの席で着用するものだったといいます。

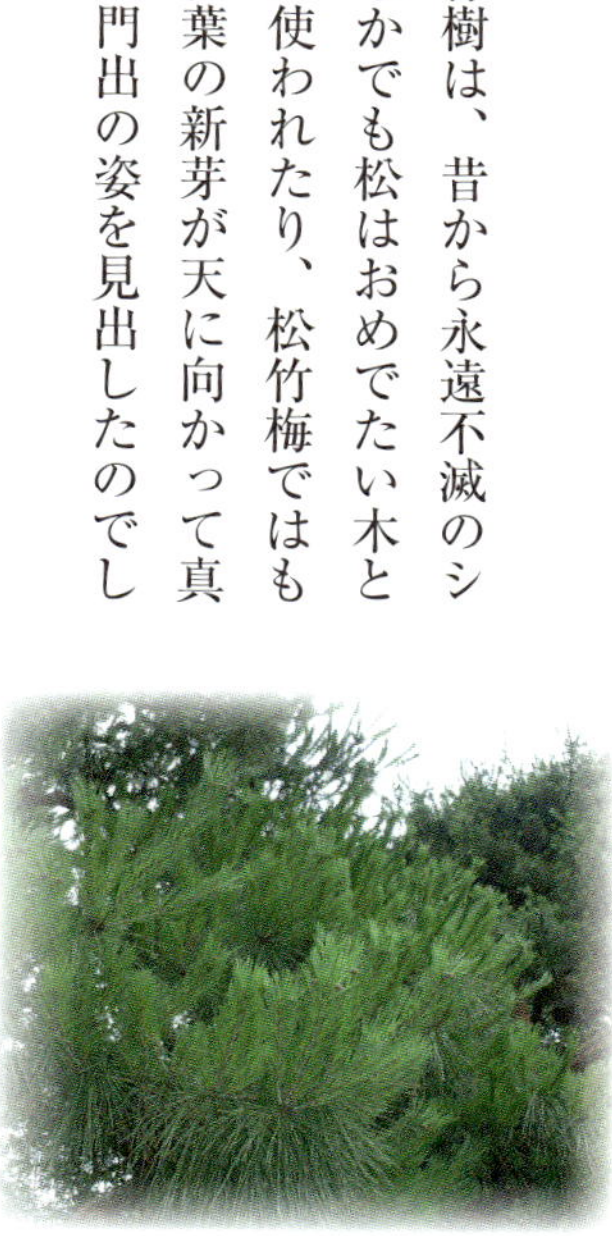

ⓛ 青磁色／せいじいろ

青磁は、中国で古代から焼かれていた陶器のことで、その肌の色に現われる白くくすんだ青みの緑を青磁色といいます。

青磁はかなり古くから日本にも伝わり、平安時代には「青磁《あお》」と呼ばれて愛好されていました。焼き具合や釜の状態などによって色調が微妙に違ってくるため、人の技術の及ばない神秘的な色という賞賛をこめて「秘色《ひそく》」とも呼ばれていました。神秘さに加えて、寒色系の色なのになにかふっくらとした温もりを持つところに、愛され続ける秘密があるのかもしれません。

ⓜ 緑青色／ろくしょういろ

緑青とは銅の酸化によって生じる緑青色の錆のことで、神社や仏閣の銅ぶき屋根などに美しい緑青色を見ることができます。色の歴史は古く、飛鳥、奈良時代に中国から伝わりました。なお、天然顔料としては孔雀石の粉末が使われました。

ⓝ 利休鼠／りきゅうねず

茶人、千利休ゆかりの色としてその名がついていますが、直接の関係はなく、江戸時代に生まれた四十八茶百鼠（176ページ）の一色です。

しかし、利休が好んだ竹林の緑や抹茶からの連想でしょうか、緑みのある灰色に利休の名を冠しています。このほかにも利休の名は「利休茶」、「利休白茶」など、緑みの色の修飾語として使われています。

何といってもその名が知れ渡るようになったのは「雨は降る降る城ケ島の磯に、利休鼠の雨が降る」という北原白秋の詩に曲がつけられて、大ヒットしたからでしょう。以来、この歌と利休鼠は切っても切れない関係となり、霧や靄《もや》のかかった木々の深い緑を表わす色として、利休鼠が形容されるようになりました。

◎京紫／きょうむらさき、江戸紫／えどむらさき

ムラサキ草の根で染めた美しい紫を、平安時代には「本紫」と呼びました。その後江戸時代になると、赤味にも青みにも偏らず少しくすんだ紫色を京紫、少し青みがあるのが江戸紫と、それぞれの好みによって2種類に呼び分けたようです。

古川柳にこんな唄があります。

「はで娘、江戸の下から京を見せ」

これは江戸紫の着物の下から京紅の長襦袢を覗かせるという、当時の2つの最高ブランドを身につけた娘の洒落姿を詠んだものです。〝江戸（紫）の下から京（紅）を見せ〟というシチュエーションから想像すると、江戸紫は紅（赤）寄りの紫よりも青寄りの紫である方が京紅が映えて見えます。ということは、江戸紫は青寄りの紫で、それとは異なる京紫は赤寄りの紫と

覚えると間違わないですむかもしれません。
歌舞伎好きの人は助六の紫色の鉢巻きをイメージするといいでしょう。江戸紫は江戸の粋を象徴する色といったところでしょうか。

ⓟ 若紫／わかむらさき

日本の伝統色名では明るい色みの接頭語として〝若〟をつけます。若紫も明るくほんのり赤みがかった紫色を指しています。『源氏物語』には「若紫」の巻があり、ここでは光源氏と後の紫の上との出会いが描かれています。光源氏が最も惜しみない愛情を注いだとされる紫の上の幼少時を若紫とかけているところは、色彩的にみてもなかなか見事です。

紫の色にもほかの色と同様、明るい色、暗い色、濃い色、淡い色とさまざまな色合いがあります。紫式部はこのような微妙な色彩を自由に駆使して、登場する女性たちの心の深層を巧みに表現したのでした。『源氏物語』だけでなく日本古来の文学作品から、色にこめた日本人の心に触れてみてはいかがでしょうか。

江戸庶民が生んだ粋な色々

▼四十八茶百鼠

江戸時代の元禄以降、戦国から平和になりつつある社会の中で、武士本来の存在意義が薄れ、町人による文化が栄えてきました。このような町人たちの台頭を危惧した幕府は、町人に贅沢を禁じる「奢侈《しゃし》禁止令」をたびたび発令しました。基本的な衣食住はもちろん、なかには初物のナスを食べてはいけないとか、花札やカルタ、花火などの遊びま

■〈さまざまな茶や鼠色〉

■歌舞伎役者と色

色名	色相	役者など
舛花色／ますはないろ	さえた緑みの青	五代目市川団十郎の家芸の色じるし。浅葱色を渋くした淡い縹色
高麗納戸色／こうらいなんどいろ	にぶい緑みの青	松本幸四郎が「鈴ヶ森」で演じた時の合羽の色、以来家芸のしるし色
江戸紫／えどむらさき	青みの紫	市川団十郎「助六由縁の江戸桜」での鉢巻きの紫。武蔵野の紫草で染める
岩井茶／いわいちゃ	くらい灰みの青紫	五代目岩井半四郎が好んだ色
路考茶／ろこうちゃ	黄みのブラウン	二代目瀬川菊之丞（王子路考ともいう）のしるし色。
団十郎茶（柿渋色）／だんじゅうろうちゃ	こい黄みのブラウン	市川団十郎「暫」の衣装の色
芝翫茶／しかんちゃ	赤褐色、くらいブラウン	三代目中村歌衛門（芝翫、後に梅玉）が好んだ色
璃寛茶／りかんちゃ	くらい灰みブラウン	二代目嵐吉三郎（李冠、後に璃寛）が好んだ色

でこと細かく禁止されました。庶民の着物についても、色、柄、生地などについて細かい規定が設けられたのです。

四十八茶百鼠は、そんな庶民の色に対する欲望から生まれた色の系統のことです。当時、庶民が公然と身につけることのできる色は、青、鼠、茶の三系統に限られました。そのため色彩への欲求はこの3つの色に集中し、庶民はそれぞれの色の中に微妙な色調を工夫して染め分け、楽しんだのでしょう。とくに茶と鼠系統の多様な色合いが生まれ、新しい名が次々とつけられました。

〝鼠《ねず》〟と呼ばれた鼠色のバリエーションが主に江戸中期以降に生まれたのに対して、茶は江戸全期を通して好まれたロングセラーの代表色といえます。

禁じられれば禁じられるほど、それに反発

するエネルギーが高くなるというものでしょう。衣服に関しても、表は決められた地味な色や生地にするにしても、かくれて見えない裏地に派手な色や高価な生地を使うことでお洒落を楽しんだのです。ここに〝江戸の粋〟が生まれたのです。

歌舞伎役者が流行させた色、錦絵（浮世絵）、役者絵などからもさまざまな茶や鼠が生まれたといわれています（177ページ表）。微妙に異なる茶や鼠色の着物を着た人たちが街ゆく姿を想像して、江戸の粋に浸ってみるのもよいでしょう。

Part 10

色の豆知識

1

「ド」の音は何色？

▼音と色

音や声を聞いて色のイメージが浮かぶことがありますか？　「音色《ねいろ》」という言葉もあるように、音と色には深い関係があります。軽い音と重い色、強い音と弱い色というように、軽重、明暗、濃淡、強弱を表わす表現で、音と色に共通して使われるものが多くみられます。

「キャーッ」という女性のカン高い声を「黄色い声」というように、高い音は明るい色のイメージです。逆に、低く不明瞭な声を「澱《よど》んだ声」というように、低い音は色の混ざり合った暗めのイメージといえます。強い音かやさしい音かは、色の濃淡に関わります。フォルテシモのイメージは濃く重い色となり、ピアニシモは淡く霞んでいるような色が思い浮かぶでしょう。

激しいリズムは暖色系（赤、橙、黄、赤紫）の色を感じさせます。また、音のリズムは単独の色ばかりでなく、配色をもイメージさせることがあります。以前、若者たちの間で「ディスコ」が流行り始めた頃、激しいリズムに合わせ原色の光を点滅させる照明で、相乗効果をあげていました。色からみても、原色や強い色の混ざり合った配色を「色がうるさい」と表現することがあるでしょう。静かな落ち着いた音は寒色系（青、緑、青紫）のイメージです。

音階について面白い調査結果があります。ある心理実験によると、ドレミの音階にはだいたた

い決まった傾向の色のイメージがあるという報告がありました。ドは赤、レはすみれ色、ミは黄金色、ファはピンク、ソは空色、ラは黄色、シは銅色。そしてそれぞれの音にフラット（半音下がる）がつくと暖色、シャープ（半音上がる）がつくと寒色を連想させるといったものです。

楽器の音に色を重ねることも行なわれています。一般的に、オーボエにはすみれ色、柔らかい笛の音には黄色、コントラバスは茶色、金管楽器は橙色があてられています。みなさんのイメージとはあっているでしょうか。

レーザーがさまざまな場面で活用されるようになった1980年あたりから、音を光で表現する芸術が出てきました。最初の頃は、直進するレーザービームに色と点滅の工夫を加えたくらいでしたが、最近では光が曲がったり、波やドットのように流れるなど、多彩な演出がなされるようになりました。そこで使われている音と光の様子を比べてみて、アーティストが音にどんな色のイメージを抱いているか、注目して見てみるのも面白いでしょう。

信号機の3色の秘密

▼新三原色

信号機の「進め」の色は、なぜ緑色なのに「青」と呼ぶのでしょう。ほかにも、緑のりんごを「青りんご」といい、緑の山波は「青い山脈」、種田山頭火は「分け入っても分け入っても青い山」と詠んでいます。青と緑は、もともと日本では混同して使われていたようです。

赤、緑、黄の信号の3色は、色光の三原色（赤、青、緑）でもないし、色料の三原色（赤、青、黄）にも当たりません。色光の赤と緑に、色料の黄を加えて、新三原色というわけです。

なぜこの3色が選ばれたのか推測するに、実は赤（マゼンタではなくカーマイン）と青は色相が似ており瞬時には見分けにくい色同士なので、青をはっきりと色みの違う緑に変えたのでしょう。緑は赤の補色（反対色）でもあります。そして黄色は、赤に次いで目立つ（視認性の高い）色です。

色光と色料の三原色をミックスした赤、緑、黄は、色みがはっきりと識別でき、さらに停止の赤は色の中で一番注目度の高い色、危険の黄は二番目に注目度の高い色、そして青（緑）の安全は逆に遠く後退する色という機能的な組み合わせなのです。色の効果を十分に活かした「生活の三原色」と呼びたいですね。

3 健康・視力回復に役立つ緑

▼瞬きの実験

体が重くすっきりしない時には、青いもの、緑のものに惹かれませんか? とくに緑の食物、たとえば野菜サラダを食べると体がすっきりきれいになった気分になります。緑は健康を保つのに欠かせない色です。食物だけでなくインテリアの色でも、空や水の水色、草の緑や樹木の緑は目にやさしく、休息のイメージです。

緑や青は目の疲労を癒すだけではなく、眠りに誘う色でもあります。あるテレビで番組で、「眠りを誘う色」について実験をしたことがあります。赤い布で覆った空間と青で覆った空間をつくり、レポーターさんに最初に赤の空間に入ってもらいました。すると5分も経たないうちに「ウワー」という声。イライラしてこめかみが痛くなってきたと彼女はいいます。次に青の空間へ入ってもらい、この時穏やかにカメラをまわし続けて目の瞬きの違いを確認しました。瞬きの回数は、赤い空間の時は1分に40~45回、それが青では10~15回と少なくなりました。青い空間では、彼女はゆったり落ち着き、眠りに誘われていくのが確認できました。

眠りには、肉体的ばかりでなく精神的な部分も含めて、健康回復効果があります。緑は、私達の健康にはなくてはならない色なのです。

アクアブルーとスカイブルー

▼水の色、空の色

●水は水色か

水の色というのは不思議です。海や湖のように広くたくさんの水をたたえていると、青く見えます。水深が深くなるほど色は濃くなり、紺碧という形容が相応しくなります。でも、同じ水でも、コップで飲む水や洗顔水、シャワーの水や洗濯水にもし色がついていたら大変ですね。皆さんは生活水は、透明だと思って使っているはずです。

1章に戻って、なぜ色が見えるのか思い出して下さい。光がなければ色は見えません。海の場合、光は海中まで進んでいきますが、この途中で、波長の長い順に光は水に吸収されていきます。まず最も長い波長の赤、水深が深くなるにつれて橙、黄、緑と吸収され、つまり深くなればなるほど、青や藍、紫など短波長の色が濃くなります。最後には、光のスペクトルの中で一番水に吸収されにくい青が残って私達の目に反射するために、深い水は青く見えるのです。

水深が浅い、日常私達が生活用水として使っている水ではどうでしょうか。光は水を通過し、その先にある物体に反射してその物体の色が目に入るので、水は透明に見えるのです。

アニメ映画監督の宮崎駿氏は、若い頃「水は何色か」ということで仲間と一晩議論になったことがあるといいます。コップの水や水たまりを水色で塗ると、透明感が表現できずべったりしてしまうのが悩みのタネでした。最後には、「水は黒い！」と言い出したのだそうです。地面や服が水に濡れると、黒っぽい色になるからでしょうね。水の色が単純に水色ではないとこだわる感性から、数々の美しいアニメーション映画が生まれてきたのでしょう。

●空が青いわけ

水と同じように、まわりの空気は透明なのに空は青く見えます。しかし、そのしくみは水の場合とは違います。それは大気と水では構成する粒子の大きさが違うためです。空の場合は、大気を通過した太陽の光の中で、波長の短い青い光の成分だけが空気中の塵や埃で散乱されてその先が目に入るために、青く見えます。さわやかに晴れた空は美しい青色をしています。

では、夕空はなぜ昼間と違って赤く見えるのでしょうか。夕方になると太陽が低い位置になり、大気となす角度が小さくなります。そのため波長が短く、散乱する角度の小さい青い光の成分は大気の層を通過できず、波長が長くて散乱する角度の大きい赤い光だけが通過して、赤い色の太陽が見えるのです。

私達に大きな夢や希望を与えてくれる天空の青や夕日の神秘も、科学的に分析してしまうと興ざめでしょうか。太陽が山に沈むと火事になって夕焼けが見え、やがて黒こげになって夜になるというかわいらしい童話もありましたが、毎日火事がおこってはたいへんですよね。

5 太陽の光の不思議

▼光の色と熱

●一日の光の色

光の色は一日のうちでどのように変わっていくでしょうか。一日のはじめの光は遠慮がちな灰色と白で、影もなく、静寂で動きも輝きもありません。単位面積当たりに届く光の量を「照度」といいますが、時間が経つにつれ太陽が昇ってくると、照度が高まり、灰色は青色を帯びてきます。東にある太陽は、冷たい光の太陽です。

台所は水仕事が多くて寒いのに、なぜ東〜東北の位置にあるのだろうと疑問に感じたことがありませんか？　この向きの窓からなら朝の冷たい光しか入ってきません。つまり台所の食べ物が腐らないようにという配慮で、理にかなっているのです。

そして、太陽が高くなるにつれ、赤、橙、黄の長波長が優勢になります。昼間は青色から黄色みを加え、午後になると赤みを帯び、やがて夕暮れの夕日の光の色へと変身します。白、寒色の青、黄色、橙を経て赤へ。何かに似ていますね。そう、色のスペクトルです。大気は、大きなプリズムになっているわけです。

●日焼けと水着の色

夏の海水浴、日焼けで水着の跡がつくのが嫌だと思う人は、白の水着にしましょう。透けるのが心配かもしれませんが、この「透け」に秘密が隠されています。

白は、紫外線透過率が64%と色の中で一番高いのです。従って一番日に焼ける度合も高く、水着から出ている露出部分との差があまりつきません。逆にいうと、日焼け防止に白いシャツなどを羽織っていても、シャツの上から焼けてしまってあまり効果がないのはこういうわけです。

紫外線透過率は、黄色22%、緑20%、青15%、赤14%、黒10%となっています。黒に近いほど紫外線を通しませんから、日焼け対策には黒に近い色が効果的です。が、黒は熱を吸収するので、着ていると暑く（熱く？）なってしまうのは我慢しなければいけませんね。

6 地球上で一番色に敏感な生物

▼人間にとっての色

人間以外の生き物にとって、色はどんな意味を持つでしょうか。

たとえば昆虫の蜜蜂は、蜜のある花を色で見つけます。また動物の多くは色を感じる錐体視細胞が網膜上に存在しないので、世界は無彩色（モノクローム）の映画のように見えているに違いありません。一部クジャクや熱帯魚など、雄が雌を引き寄せるために派手な色で美しく変身したりする生き物は、色が見えているようです。それらにとっては、色は繁殖のための記号として捉えられているでしょう。弱い昆虫や動物では、自分の身を護るために自然の色と同化する保護色を持つものもいます。いずれも、生きるための機能としての目であり、色であるでしょう。

ところがこれまでの話をまとめると、生物の中でも人間にとっては、色は感情を生起させる重要な要素なのです。色が人間に重要なものであることは、1章の15ページでも見たように人間の感覚が視覚に偏っていることからもわかります。その視覚（目）がとらえる「色」は、他の感覚を支配する力を持っているといっても過言ではないでしょう。

たとえば味覚です。青いトマト、少し赤みを帯びたトマト、真っ赤に熟したトマトのどれを買おうかと迷うとき、まず色で味を判断していませんか？　触覚にしても、「触らないでください」と書かれた果物屋の店先のモモは、見た目の色から柔らかさを想像するでしょう。聴覚ではいうまでもなく、「黄色い声」などと色で音を表わしています。私たち人間は、五感すべてで色を感じ、表現しているわけです。

赤い色で元気づけられ、青い色で鎮められ、緑を見てリラックスする……、生理的に色を必要とする私達は、色なしの世界ではもう生きていくことができないのかもしれません。また水墨画のような無彩色の世界に色を転じて個々に鑑賞の幅を広げ、楽しめるのも、私達人間のなせる術です。

私たちに与えられた色の世界を、もっと深く知り、味わって楽しみたいものです。

【参考文献】

『色彩論』　ヨハネス・イッテン／大智　浩訳（美術出版社）

『色彩の基礎』　川添泰宏（美術出版社）

『色彩学の理解』　田中　淳（葦書房）

『色の語る日本の歴史』　村上道太郎（そしえて）

『色の歴史手帳（日本伝統色12ヶ月）』　吉岡幸雄（PHP研究所）

『西洋美術史小辞典』　ジェイムス・スミス・ピアス／
大西　廣、黒田亮子、鈴木智寿子、村上博哉訳（美術出版社）

『色彩の本質』　R・シュタイナー／高橋　巌訳（イザラ書房）

『一色一生』　志村ふくみ（求龍堂）

『ヨーロッパ伝統色』　福田邦夫（日本色彩研究所）

『ヨーロッパの色彩』　ミシェル・パストゥロー／石井直志、野村三郎訳（パピルス）

『色名の由来』　江幡　潤（東書選書）

『色彩と人間』　武井邦彦（時事通信社）

『色彩効用論』　野村順一（住宅新報社）

『色と形の深層心理』　岩井　寛（NHKブックス）

『匂ひがさね幻想（わが愛の源氏物語）』　潮崎　晴（関西書院）

『色彩演出辞典』　北畠　耀（セキスイインテリア）

『色彩の事典』　川上元郎、児玉　晃、富家　直、大田　登（朝倉書店）

『色彩』　大井義雄、川崎秀昭（日本色研事業）

『色彩科学入門』　（財）日本色彩研究所編（日本色研事業）

『おしゃれな色の選び方』　ファッションカラー編集部編（日本色研事業）

『新色名事典』　（財）日本色彩研究所編（日本色研事業）

『世界の色彩感情事典』　千々岩英彰（河出書房新社）

『大図典view』　梅棹忠夫他監修（講談社）

『DICカラーガイド　日本の伝統色』　（大日本インキ化学工業）

【写真提供】

口絵１、本文Ｐ69「会席料理」…神奈川県鎌倉市　鉢の木

目次「iMac」…菊池陽一郎

Ｐ97「アメリカ大統領選挙テレビ討論会」…共同通信社

Ｐ165「藍染風景」…群馬県新治村　たくみの里・藍染めの家

Ｐ168「紅花畑」「紅花染」…山形県河北町紅花資料館

岩本　知莎土（いわもと　ちさと）
宮沢デザイン研究所にて5年間、研究生として実践をふみ、1972年東京都中野にアトリエ岩本設立。ピエールバルマン、ウンガロ、ニナリッチの日本製のテキスタイルを担当。1981年広島で活動開始、1989年カラーコンサルタントクロマ（クロマ色彩研究所）設立。トータルライフコーディネーションのコンサルタント、インテリアコーディネーターの指導を行っている。東日本図案科連盟展最優秀賞、繊維デザインコンクール銀賞他多数受賞。

クロマ色彩研究所
広島校／東京校
〒730-0036　広島市中区袋町1-11
TEL (082)244-6778　FAX (082)249-3075
URL　http://www.urban.ne.jp/home/chroma/

おもしろくて　ためになる
色《いろ》の雑学《ざつがく》事典《じてん》

2001年7月20日　初版発行
2001年10月20日　第2刷発行

著　者　岩本知莎土 ©C.Iwamoto 2001
発行者　中村洋一郎

発行所　株式会社日本実業出版社　東京都文京区本郷3－2－12　〒113-0033
大阪市北区西天満6－8－1　〒530-0047
編集部　☎03-3814-5651
営業部　☎03-3814-5161　振　替　00170-1-25349
http://www.njg.co.jp/

印刷／厚徳社　製本／共栄社

ISBN 4-534-03263-3　Printed in JAPAN

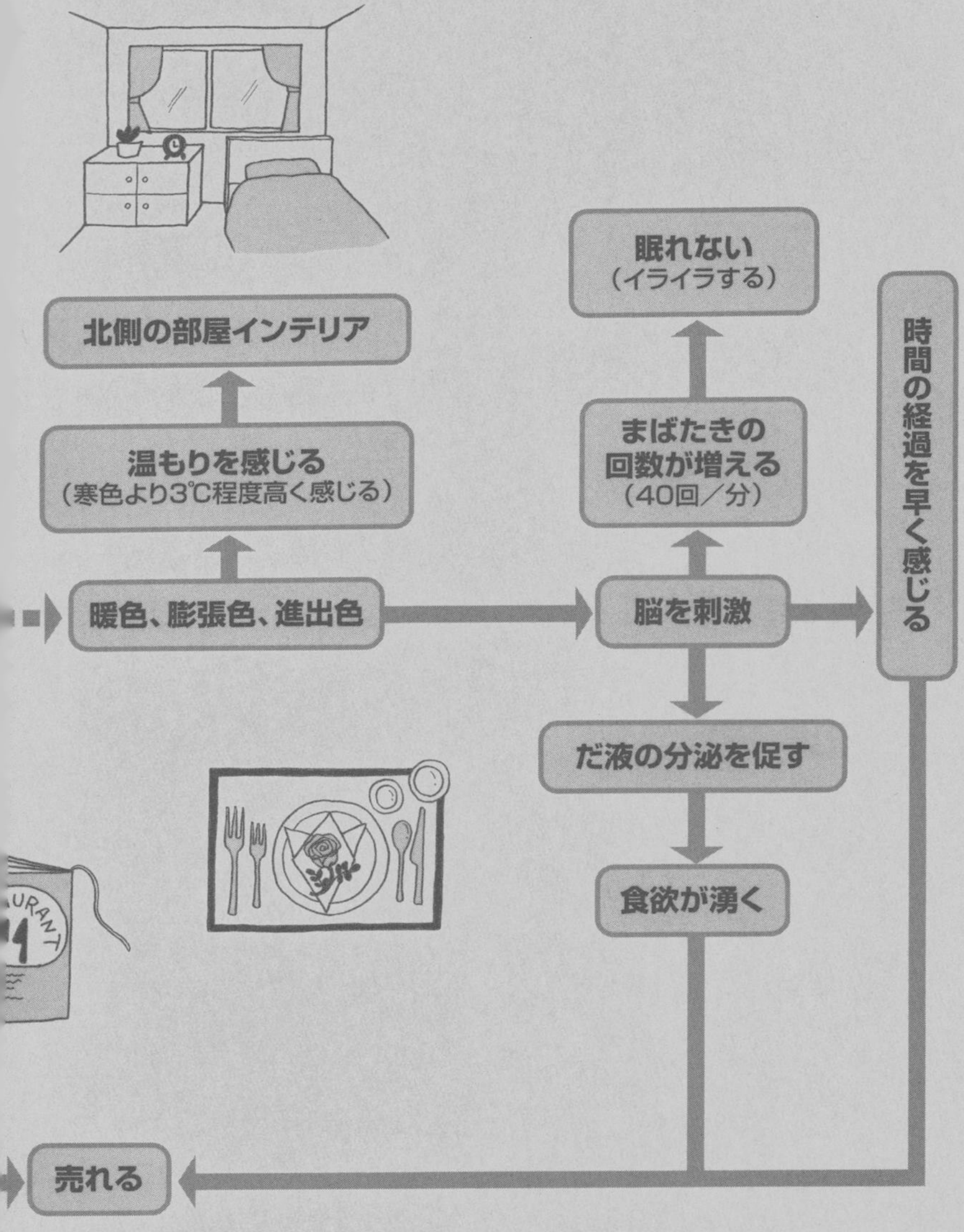
北側の部屋インテリア
温もりを感じる
（寒色より3℃程度高く感じる）
暖色、膨張色、進出色
脳を刺激
眠れない
（イライラする）
まばたきの
回数が増える
（40回／分）
だ液の分泌を促す
食欲が湧く
時間の経過を早く感じる
売れる